KB048171

인플레이션 이야기

인플레이션은 어떻게 우리의 돈을 훔쳐가는가

인플레이션 이야기

신환종 지음

INFLATION STORY

포레스트북스

벌써 30년 가까이 지난 일이지만, 신입사원 시절 주말이면 결혼식 순례가 일이었다. 그만큼 결혼을 많이 하기도 했고, 또 나 역시 결혼 적령기였기 때문이다. 결혼식만큼이나 잦은 행사가 아이들 돌잔치였던 것 같다. 돌잔치에 초대받을 때면 분홍색 케이스에 한 돈짜리 금반지를 담아 한 해 동안 건강하게 자란 아이의 장래를 축하해주던 기억이 선명하다. 요즘에야 아이도 많이 낳지 않고 돌잔치 자체를 가족 모임으로 한정하는 경우가 많기도 하지만, 막상 돌잔치에 초대를 받아도 예전처럼 한 돈짜리 금반지를 준비하는 일은 거의 없다. 3~4만 원이면 살 수 있었던 금반지가 30만 원을 넘어서다 보니 솔직히 부담스럽기 때문이다.

2018년 여름, 한강 변의 새 아파트가 평당 1억 원을 넘어섰다고 대서특필되면서 정부의 부동산 대책을 조롱한 적이 있다. 그런데 이젠 굳이 한강 변이 아니더라도 강남 요지의 웬만한 신축 아파트는 평당 1억을 넘기는 게 예사고, 강북의 이른바 마용성(마포, 용산, 성동)도 곧 따라잡을 기세다.

돈 가치가 급격히 하락하고 있다. 금리는 최저치로 내려와 있고, 코로나19로 인한 글로벌 팬데믹으로 전 세계가 재정과 통화정책을 통해 막대한 유동성을 뿌려대다 보니 돈이 흘러넘친다. 경제는 대공황 이후 최악이라는데 주식과 부동산 가격이 폭등하는 이유다.

화폐 가치의 하락과 자산 가격 인플레이션은 비단 최근의 일만은 아니다. 간헐적인 조정은 있었지만, 2008년 금융위기의 치유책으로 나온 양적완화 정책에서 촉발돼 벌써 10년이 훨씬 넘도록 일관되게 진행되어왔다. 이러한 장기 추세를 자각하고 집과 우량주를 사들인 사람과 그저 하던 대로 은행에 적금만 해온 사람의 부는 최근 몇 년 사이 크게는 열 배 이상 차이가 나게 되었다.

이른바 동학 개미 운동이 시작된 지도 1년이 지났다. 1980년대 후반 주가지수 1000포인트를 돌파하던 삼저三低(저유가, 저달러, 저금리) 호황 시절의 주식 투자 열풍과 비교하면서 주부들과 학생들마저 주식 투자에 나서는 걸 보니 조만간 크게 빠질 거라고 예측하기도 한다. 과연 그럴까?

돌이켜 보면 시시각각 변하는 주가에 집중하기보다 '돈의 가치'에 주목했다면 우리의 투자가 훨씬 일목요연했을 거라는 생각을 하게 된다. 부푼 희망을 품고 시작한 2021년 증시는 우리의 예상을 벗어나는 변동성과 방향성을 보이고 있다. 이럴 때일수록 주식 시장에서 한 걸음 물러나 돈의 무게가 어떻게 변화하고, 그것을 결정하는 인플레이션이 어떤 방향성을 잡아가는지 관찰할 필요가 있다.

이 책의 저자인 신환종 센터장은 「삼프로TV」가 탄생하기 전 팟캐스트「경제의 신과 함께」시절, '신과 투어'라는 코너를 통해 국제 금융 시장의 흐름을 안내하면서 올바른 해외 투자의 지평을 열었던 신뢰할 수 있는 분석가다. 감히 신뢰라는 용어를 쓸 수 있는 건 그가 그저 책상에서 모니터를 통해 세상을 관찰하지 않고 중국과 인도, 동남아시아, 유럽, 미국은 물론 지구 반대편 남미에 이르기까지 발로 뛰어 확인한 지혜를 분석에 활용하기 때문이다.

모두가 서둘러 부를 향해 질주하는 고속열차에 올라타야 한다고 말한다. 하지만 올라타기 전 우리가 확인할 것은 열차의 속도가 아니라 목적지다. 추천사를 쓰기 위해 원고를 꼼꼼히 다 읽고 보니 내가 탄 열차 차창 밖으로 보이는 풍경이 전보다 훨씬 선명하고 정겹게 다가온다. 잠시라도 주식 호가창을 닫고 창밖 풍경을 보며 여행을 즐겨보라고 권하고 싶다. 부를 향한 열차는 예정된 정차역마다 예외 없이 많은 사람을 내려주고 새로 태울 것이다. 우리는 어디쯤에서 내려 또 어떤 열차로 갈아타야 할까?

모든 사람이 같은 열차를 탈 수도 없거니와 저마다의 목적지가 조금씩은 다를 것이다. 하지만 이 책이 여러분이 원하는 목적지로 데려다줄 유용한 길잡이가 되리라고 확신한다. 이 책을 읽는 여러분의 여정이 어디를 거치든 즐겁고 흥미롭길 바라며, 종국에는 부의 종착역에서 꼭 다시 만나기를 희망한다.

2021년 3월 여의도에서

김동환

코로나19 이후, 인플레이션과 금리는 어떻게 움직일까

코로나19라는 글로벌 전염병의 확산은 전 세계 경제에 막강한 핵펀치를 날렸고, 그 충격파는 아직도 계속되고 있습니다. 지난 1년을 복기하자면, 글로벌 금융 시장에서는 2008년 서브프라임발 글로벌 금융위기에 버금가는 위험자산의 폭락과 초안전자산에 대한 선호가 발생했습니다. 각국 중앙은행과 정부의 공격적인 유동성 공급 이후 위험자산의 반등 수준도 놀라웠습니다. 오히려 기존의 가격 수준을 뛰어넘는 급등이 이어졌고, 대부분의 자산 가격이 상승하는 초유의 상황이 나타났습니다. 이 때문에 자산 가격이 오른 건지 현금 가치가 떨어지고 있는 건지 헷갈리는 상황이 연출됐습니다.

최근 미국 10년물 국채 가격 상승은 인플레이션 우려에 불을 지폈습니다. 제롬 파월$^{Jerome\ Powell}$ 미국 연방준비제도^{FRB}(연준) 의장이 통화 완화 정책 기조를 유지한다는 점을 계속 시사했음에도 시장의 불안은 계속되고 있습니다. 국제유가는 배럴당 60달러를 넘었습니다. 곡물과 구리 등 그 외 원자재 선물 시장도 들썩이고 있습니다. 물가 상승 압력이 높아진다면 각국 정부의 통화 완화 정책은 마침표를 찍게 될 수밖에 없습니다. 막대한 유동성을 퍼붓고 있는 연준 역시 통화 완화 정책을 계속하기가 어려워질 수 있습니다. 이 경우 주식 시장에 몰렸던 자금이 이탈할 가능성이 있기에 인플레이션 조짐은 지금 글로벌 금융 시장을 뒤흔드는 최대 변수가 됐습니다.

이 책은 2020년 코로나19 이후 변화하는 세계 경제를 이해하고자 하는 첫 번째 시도로, 인플레이션과 금리가 앞으로 어떻게 움직일 것인가를 전망하는 데 목적을 두었습니다. 그 전망을 위해 과거 시대별 인플레이션 사례를 분석하면서 역사적 함의도 따졌습니다.

제1장에서는 금속 화폐 시대와 종이 화폐 시대의 인플레이션 역사를 다뤘습니다. 금속 화폐가 시작되면서 화폐의 순도를 둘러싼 화폐 가치 하락의 역사가 시작됐습니다. 상거래를 활성화하기 위해 도입된 화폐는 다양한 이유로 가치가 하락했으며, 그 양상도 시대별로 달랐습니다. 어떤 시대에는 오랜 기간을 거쳐도 순도가 일정했고, 어떤 시대에는 시간이 지나면서 하락의 정도가 심화됐습니다. 이것을 단지 경제적인 이유만으로 설명하기는 어려울 것 같습니다.

제2장에서는 영국과 미국, 독일 등 주요국 중앙은행이 만들어지는 과정을 통해 인플레이션과 중앙은행의 관계를 생각해봤습니다. 민간 주식회사로 출발한 영국과 미국의 은행은 수백 년 동안 여러 사건을

경험하면서 점차 강력한 중앙은행으로 발전했으며, 중앙은행의 독립성을 두고 정부와 갈등을 빚고 있습니다. 반면, 독일 중앙은행은 처음부터 정부의 은행으로 만들어졌는데요. 1920년대 초반 바이마르공화국 당시 발생한 하이퍼인플레이션과 1930년대 나치 독일의 전시통제 경험으로 세계에서 가장 독립적인 중앙은행이 됐으니, 참 아이러니한 일입니다.

제3장에서는 코로나19 이후 각국 정부의 공격적인 통화정책과 재정정책으로 엄청나게 풀린 유동성 때문에 물가가 급등할 것인가에 대한 답을 찾아봤습니다. 이를 위해 1900년 이후 지난 120년 동안 미국의 물가와 금리를 분석해봤습니다. 그리고 여기에 영향을 미친 정치·경제 변수와 정부 정책의 변화를 쫓아가면서 향후 인플레이션을 전망해봤습니다. 이 과정에서 시대별 연준의 역할도 발견할 수 있었습니다.

지난 120년 동안 미국은 세 차례 높은 인플레이션율(제1차 세계대전 후, 제2차 세계대전 후, 1970년대)을 경험했고, 한 차례의 금리 급등 시기(1970년대)를 겪었습니다. 전쟁으로 물가가 급등한 적이 몇 번 있었지만, 나머지 기간에는 물가가 그리 높지 않은 상황이 오랫동안 유지됐습니다. 1960년대 사람들도 그렇게 생각했던 것 같습니다. 그래서 방심했을 수도 있습니다. 1965년부터 시작된 베트남전쟁의 여파와 린든 존슨 Lyndon Johnson 대통령의 '위대한 사회Great Society' 복지 정책은 미국의 재정을 악화시키고 글로벌 통화 및 경제 시스템을 붕괴시켰으며, 이것이 1970년대 오일 쇼크와 겹치며 전 세계를 엄청난 인플레이션의 혼란으로 밀어 넣었습니다. 코로나19 사태로 엄청난 유동성이 풀린 2020년대, 과연 1970년과 같은 상황이 다시 벌어질까요?

제4장에서는 2020년대 인플레이션과 금리의 미래를 전망합니다. 코로나19 사태 이후 2020년대 인플레이션은 어떤 모습일까요? 저는 1945년도 1970년도 아닌, 2010년대 물가 상승 추이가 반복될 가능성이 크다고 예상합니다. 엄청난 유동성을 풀었지만 실물경제로 흘러가지 않고 자산 시장만 상승시켰던 지난 2010년대의 모습이 재현될 것으로 봅니다. 여기에 2020년대 통화정책은 현대통화이론^{Modern Monetary Theory, MMT} 일부를 차용하고 있다고 생각하는데요. 앞으로 10년 후 인플레이션과 금리의 모습을 이해하기 위해서는 현대통화이론을 이해해야 합니다. 이에 1930년대 재정의 화폐화를 추진했던 독일과 일본의 상황과 고민을 다시 분석해봤습니다.

아울러 2020년대 글로벌 경제 성장에 대한 장기 전망도 해봤습니다. 코로나19 사태로 급락했던 경제가 회복되고 있지만 혹시 추가로 이벤트 리스크가 발생할 가능성은 없는지, 좀비 기업들이 활보하는 좀비경제가 성장을 좀먹고 있진 않은지, 4차 산업 기업들이 새로운 파이를 만드는 것이 아니라 기존 전통 산업의 시장만 빼앗아가는 것은 아닌지, 장기 실업자의 급증으로 일어나는 고용 환경의 변화가 경제에 어떤 영향을 미칠지 고민해봤습니다.

코로나19 사태가 발생한 2019년과 2020년 초반은 경기 사이클 후반^{late cycle}이었지만, 2021년은 경기 사이클 초반^{early cycle}에 진입하기 때문에 투자 환경이 2020년 초와 완전히 다르다고 생각합니다. 그러나 이런 상황이 이미 자산 가격에 크게 반영되어 있기에 경제 회복의 경로에 따라 투자 전략이 달라져야 합니다. 특히 고용률이 장기적으로 개선되지 않으면서 고용 안정을 위한 기업 구조조정 역시 활발하지 않다면, 효율성이 현저히 떨어진 좀비 기업들이 많아지면서 경제가 기존의 성장 궤도를 회복할 수 있을지 의문입니다.

마지막으로 조만간 중앙은행의 디지털 화폐가 전면적으로 도입되어 실물 화폐를 상당 부분 대체할 때 인플레이션은 어떻게 될 것인지를 분석해보았습니다. 중앙은행의 통화정책이 적용되기 어려웠던 현재 한계들이 디지털 화폐로 개선될 수 있다고 생각됩니다. 그러나 실제 도입되어 실물 화폐를 대체할 때까지 많은 시간이 필요할 것으로 보여 2020년대에 적용하기는 쉽지 않을 것 같습니다. 따라서 2020년대는 코로나19에서 회복되는 길목에서 인플레이션은 계속해서 중요한 화두로 등장할 것으로 판단됩니다. 이 책이 아무쪼록 인플레이션에 대한 역사를 체계적으로 습득하여 올바른 투자 전략을 세우는 데 도움이 되길 기원합니다.

차례

제1장 > 화폐의 등장과 인플레이션의 역사

제2장 › 중앙은행의 탄생과 인플레이션

제3장 > 미국 인플레이션과 금리, 연준의 역사

제4장 > 인플레이션의 미래

인플레이션은 어떻게 다가오는가

인플레이션, 디플레이션, 리플레이션, 디스인플레이션

최근 인플레이션^{inflation}이라는 말이 부쩍 자주 들리는데, 이 단어에 대해 깊이 생각해본 적 있나요? 인플레이션은 '부풀어 오르다'라는 뜻의 라틴어 'infla'에서 기원한 것으로, '모든 상품의 물가가 전반적으로 꾸준히 오르고, 반대로 돈의 가치는 하락하는 현상'을 말합니다. 그와 대비되는 말로 디플레이션^{deflation}이 있죠. '많은 상품의 물가가 하락하고 돈의 가치가 상승하는 현상'을 말합니다. 2020년에 전 세계를 휩쓴 코로나19로 각국이 경기 침체를 겪으면서 디플레이션 상태로 빠져들었죠. 이에 각국 정부는 경기를 부양하고자 대규모 유동성을 투입했고, 경제가 바닥을 찍고 회복되는 가운데 백신 개발에 박차를 가했습니다. 2021년 현재는 백신 접종으로 코로나19 사태가 마무리되고 경기가 상승할 것으로 기대하는 목소리가 높아지고 있습니다. 이에 따라 물가도 전반적으로 꾸준히 상승해 곧 인플레이션이 닥칠 것으로 보는 사람들이 많아졌습니다. 그러나 디플레이션에서 인플레이션으로 진행하기 위해서 일반적으로 리플레이션reflation의 시기를 거치게 됩니다.

리플레이션은 '디플레이션에서 벗어났지만 심각한 인플레이션을 유발하지 않을 정도로 물가가 상승하는 상황'을 말합니다. 골디락스goldilocks라고도 하죠. 골디락스는 「곰 세 마리」라는 동화에 등장하는 소녀의 이름으로, 곰 가족이 끓여서 담아놓은 죽 중에서 너무 뜨거운 아빠곰의 죽과 너무 차가운 엄마곰의 죽은 먹지 않고 뜨겁지도 차갑지도 않은 아기곰의 죽을 먹습니다. 여기에서 유래한 말로 뜨뜻미지근한 경기 상황, 이상적인 경제 상태를 비유합니다.

또한 인플레이션에서 디플레이션으로 진행하는 과정에서는 디스인플레이션disinflation 시기가 나타나는 데요, 이는 '생산과 고용을 유지하면서 서서히 상승한 물가가 안정화되는 상태'를 말하며, 주로 소비 억제 등의 정책을 통해 나타납니다. 정부는 인플레이션을 억제하되 디플레이션으로 가지 않도록 통화량과 물가를 안정화하는 경제 조정 정책을 펼치죠. 그러나 미세 조정이 실패하면서 디플레이션으로 연결되는 경우도 많습니다.

이상의 내용을 정리한 것이 〈표 0-1〉이고, 경기 사이클상에서 각각의 위치는 〈그림 0-1〉에서 확인할 수 있습니다.

표 0-1 ▶ 인플레이션 vs. 리플레이션 vs. 디플레이션 vs. 디스인플레이션

구분	내용
인플레이션 (inflation)	모든 상품의 물가가 전반적으로 꾸준히 오르고, 반대로 돈의 가치는 하락하는 현상
리플레이션 (reflation)	디플레이션에서 벗어났지만 심각한 인플레이션을 유발하지 않을 정도로 물가가 상승하는 상황
디플레이션 (deflation)	많은 상품의 물가가 하락하고 돈의 가치가 상승하는 현상
디스인플레이션 (disinflation)	생산과 고용을 유지하면서 서서히 상승한 물가가 안정화되는 상태

그림 0-1 ▶ 경기 사이클로 보는 각 경제 상황

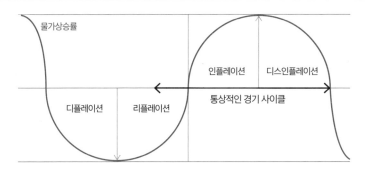

다양한 원인의 인플레이션

경제 성장에 따른 인플레이션

경제가 성장하면 기업의 매출도 증가하면서 임금도 상승하고 고용 창출도 증가하게 됩니다. 가계의 소득이 증가하면 자연스럽게 상품에 대한 수요도 증가하면서 물가도 상승하는 인플레이션이 발생하게 됩니다. 장기적으로 경제 발전은 임금과 소득의 증가, 고용의 확대로 이어지면서 새로운 수요를 창출하고 인플레이션을 유발합니다. 이렇게 경제 성장에 따라 자연스럽게 수요가 증가하면서 물가가 상승하는 것을 '좋은 인플레이션'이라고 합니다.

화폐 공급 증가에 따른 인플레이션

역사적으로 커다란 문제를 낳았던 인플레이션은 대부분 화폐 공급 증가에 의한 것이었습니다. 시장에 화폐 공급이 급격히 증가하면서 돈의 가치가 떨어졌고, 이에 따라 재화와 서비스의 가격이 올라 인플레이션이 극심해집니다. 화폐 공급이 늘어난 원인은 다양하지만 일반적으로 경제가 침체됐을 때 경기를 부양하기 위해 통화 공급을 확대하는 경우와 정부의 재정 건전성이 취약하기 때문에 재정정책을 사용하기가 어려워 통화정책을 통해 화폐 공급을 확대하는 경우가 많습니다. 특히 후자의 경우 정부가 세금이나 차입이 어려운 상태에서 화폐 공급을 통해 정부 지출을 무리하게 추진함으로써 심각한 인플레이션으로 연결되는 경우가 많았습니다.

경기 부양 재정정책에 따른 인플레이션

경기 침체가 발생하여 물가 상승률이 마이너스를 기록하는 디플레이션 상황에 빠지면 이를 회복시키기 위해 금리 인하를 하거나 감세, 건설경기 부양 등의 대규모 재정정책을 사용하는 경우가 많습니다. 일반적으로 이러한 경기 부양책에 힘입어 경기가 회복되면서 기업 매출이 증가하고 가계의 소득이 회복되기 시작합니다. 이렇게 가계 소비나

기업 투자 등의 수요가 천천히 증가하면서 마이너스 물가 상승률이 플러스(+)로 소폭 전환되는 기간을 '리플레이션'이라고 합니다. 그런데 대규모 경기 부양책에 힘입어 가계 소비와 기업 투자가 급증하면서 물가 상승률이 급등할 수도 있습니다. 이렇게 대규모 경기 부양책은 인플레이션을 유발하기도 합니다.

공급 충격에 따른 인플레이션

1970년대 OPEC(국제석유 수출기구) 회원국들의 석유 수출 금지와 같은 지정학적 충격으로 국제유가가 상승하면서 인플레이션을 자극할 수도 있습니다. 1970년대 초반의 1차 오일 쇼크와 1970년대 후반 2차 오일 쇼크로 인해 가뜩이나 물가 상승률이 높아지고 있던 상황에서 설상가상으로 높은 인플레이션 압력을 받았던 것입니다. 그러나 일반적으로 공급 충격은 일시적인 인플레이션을 가져올 수 있으나 지속적인 원인이 되긴 어렵다고 합니다. 국제유가가 공급 충격으로 상승한다면 경제가 위축되면서 전반적인 수요가 감소하기 때문에 다시 가격이 안정을 찾게 되리라는 겁니다.

비용 상승(Cost-push) 인플레이션

• 생산 원가 상승

원유 등 원자재 가격의 상승은 생산 원가의 상승으로 이어져 인플레이션을 유발할 수 있습니다. 만일 1970년대처럼 과도한 원자재 가격 상승이 전반적인 제품 가격 상승으로 이어진다면 소비를 위축시키면서 경기 침체와 물가 상승이 함께 발생하는 스태그플레이션 상태로 진입할 수 있습니다.

• 임금 인상

경기가 좋아지거나 노동자의 협상력이 높아지면서 임금이 인상되는 것도 비용 상승의 대표적인 사례입니다. 1960년대와 1970년대 미국은 경제 성장률이 그리 좋지 못했지만 완전고용을 추구하려는 케인지안 정책에 대한 지나친 집착 때문에 전반적인 임금 인상을 허용할 수밖에 없었습니다. 미국 정부는 1946년의 고용법(Employment Act of 1946), 1978년의 험프리-호킨스법(Humphrey-Hawkins Act of 1978)에 의해 고용을 증진시킬 임무를 부여받고 있었습니다. 둘 다 안정적인 물가 수준을 해치지 않는 수준에서 높은 고용을 추구하도록 되어 있었습니다. 그러나 높은 고용 목표를 추구하는 정책이 인플레이션을 초래한다는 사실에 별로 주목하지 못했습니다. 따라서 정부가 고용을 안정시키는 데 적극적인 역할을 했던 1965년 이후 1980년까지 인플레이션 부담을 높이는 데 기여했다고 알려져 있습니다.

수요 견인(demand-pull) 인플레이션

총수요가 증가하고 국민소득이 증가면서 자연스럽게 물가가 상승하는 것을 수요 견인 인플레이션이라고 부릅니다. 경기의 호황이 과열 상황으로 치달으면, 국민경제적으로 총수요가 총공급을 웃돌기 때문에 인플레이션이 발생할 수 있습니다. 제2차 세계대전 이후 미국에서는 물가가 매년 몇 퍼센트씩 서서히 상상하는 인플레이션이 발생했는데요. 완전고용 상태에서 총수요를 구성하는 민간 소비, 기업 투자, 재정지출과 수출 중에 하나가 급격히 증가하면, 그 증가분을 채울 만한 재화의 생산과 노동력 공급이 부족해지고, 또 다른 부문에서의 수요 증대에 대해서도 빠르게 대응할 수 없는 데서 발생하는 인플레이션입니다.

환율 상승으로 인한 인플레이션

자국 환율이 약세가 될 때 수입 상품의 가격이 상승하면서 수입물가가 오르게 됩니다. 환율이 오랜 시간에 걸쳐서 천천히 약세가 되는 경우에는 적응할 시간이 있기 때문에 물가 상승에 크게 영향을 미치지 못합니다. 그러나 1997년과 2008년처럼 환율이 짧은 시간에 급격히 약세가 된다면(달러당 원화가 1,500원으로 약세), 수입물가가 급등하는 상황이 발생하고 인플레이션율이 급등하게 됩니다.

독과점 및 가격 통제로 인한 인플레이션

독과점으로 공급자가 마음대로 가격을 조절하여 물가를 상승시키는 경우도 있습니다. 대부분의 국가가 공공산업의 경우 독과점을 금지하고 있어 실제 독과점에 따른 인플레이션 사례가 일반적이진 않습니다. 그러나 전력 또는 상하수도 등의 공공산업이 민영화된 국가에서 일부 독과점 회사가 가격을 인상하면서 인플레이션 압력이 커진 사례들이 있습니다. 수도가 민영화된 영국의 경우 수도요금이 450% 인상되고,

필리핀도 400% 인상되면서 인플레이션 압력으로 작용했다고 합니다. 한편 물가 상승을 통제하기 위해 정부가 인위적으로 가격을 통제하는 경우도 있습니다. 1970년대 닉슨 행정부가 그랬습니다. 그러나 일시적인 가격 통제는 차후 더 높은 인플레이션 압력으로 작용했습니다.

인플레이션이 발생할 때
누가 이득을 보고 누가 손해를 볼까?

급격한 인플레이션은 가계와 기업 모두에게 고통을 줍니다. 그러나 예상치 않은 인플레이션으로 상대적으로 이득을 보는 사람들도 있습니다. 어떤 사람들에게 유리하고 어떤 사람들에게 불리할까요?

돈 빌려준 사람(채권자) vs. 빌린 사람(채무자)

높은 수준의 인플레이션이 발생하면 돈을 빌려준 채권자는 갈수록 손해를 보고, 은행 등에서 돈을 빌린 채무자는 이익을 얻게 됩니다. 예를 들어 철수는 은행에 예금(돈을 빌려준 것)을 했고 영희는 은행에서 대출(돈을 빌린 것)을 받았는데, 물가가 100% 상승(2배 상승)했다면 어떻게 될까요? 화폐 가치가 2분의 1로 줄어들면서 철수는 자산이 2분의 1로 감소한 반면, 영희는 상환해야 할 채무 부담이 실질적으로 2분의 1로 줄어들어 훨씬 이득을 본 것이 됩니다. 만약 영희가 대출한 돈으로 실물자산을 샀다면 오히려 몇 배로 이익을 보았을 가능성도 있습니다. 이에 따라 한때는 급격한 인플레이션이 예상될 때 돈을 빌려서 실물자산을 매입하는 투자 전략이 유행하기도 했습니다.

국채 투자자 vs. 실물자산 투자자(부동산, 금 등)

인플레이션은 화폐 가치의 하락을 의미하기 때문에 낮은 금리로 국채에 투자한 사람들이 가장 손해를 봅니다. 받기로 한 돈은 1%, 2%, 3%로 정해져 있는데 인플레이션율이 4%, 5%, 6% 등으로 높아진다면 가만히 앉아서 돈을 까먹는 것이기 때문입니다. 반면 화폐 가치의 하락은 실물자산 가격의 상승을 의미하기 때문에 부동산과 금에 투자한 사람들은 화폐 가치 하락에 따른 손실을 방어할 수 있습니다. 여기서 부동산 등 실물자산 가격 상승으로 이익을 얻었다는 것이 아니라 손실을 방어했다는 것이 정확한 표현입니다. 300년 전 투자했던 금을 가문 대대로 계속 갖고 있었다면 그동안 엄청난 돈을 벌었다기보다는 300년 동안 부를 유지했다 혹은 까먹지 않았다고 표현하는 것이 정확합니다. 다만 지폐를 갖고 있는 사람들은 상당 부분 부를 잃었기 때문에 부동산과 금 등 실물자산을 보유한 사람들이 부를 유지하는 데 성공했다고 말할 수 있을 것입니다.

연금 생활자 및 이자소득 생활자 vs. 월급 노동자

연금 생활자들과 이자소득 생활자들은 높은 인플레이션율이 계속되면 상당한 피해를 보게 됩니다. 매년 받기로 확정된 돈에 비해 물가 상승률이 높아 국채 투자자와 유사한 상황입니다. 최근에는 연금 수령액을 결정할 때 인플레이션 수준을 반영하는 경우가 많아지긴 했지만 일부분에 불과합니다. 이자소득 생활자의 경우는 확정고정금리(예: 2% 고정)에 만기가 장기(예: 10년)인 경우에 손실이 가장 커집니다. 또한 인플레이션은 비용 항목에도 필요경비로도 인정되지 않기 때문에 세금 공제를 받을 수 없어 이자소득 생활자들에게 불리합니다. 따라서 채권에 투자할 때는 되도록 인플레이션율을 웃도는 고금리(5% 이상) 채권 또는 변동금리 채권(Libor+알파)이 좋습니다. 월급 노동자의 경우 매년 연봉 계약에 물가 상승률이 반영될 가능성이 크기 때문에 연금 생활자보다 상대적으로 나을 수 있습니다. 그러나 높은 인플레이션율에도 경기가 침체되는 상황이 발생한다면 고용이 불안정해질 가능성이 있습니다. 또한 임금이 상승하더라도 인플레이션을 따라잡기가 쉽지 않기 때문에 월급 노동자의 구매력이 줄어들게 될 가능성도 큽니다.

중소기업, 자영업자 vs. 대기업

경제 성장에 따라 발생하는 좋은 인플레이션이라면 제품의 가격이 상승해도 수요가 감소하지 않을 겁니다. 이런 인플레이션 상황에서는 기업의 이익이 유지되면서 전반적인 기업 환경이 나쁘지 않습니다. 그러나 인플레이션에도 불구하고 경제 성장이 둔화되는 경우라면 자영업자 및 중소기업에는 임금 인상이 상당한 부담이 될 수 있습니다. 가격 상승 부담을 전가할 수 있는 대기업은 원가 상승 부담에도 상대적으로 양호한 상황을 유지할 수 있을 것으로 판단됩니다.

수입업자 vs. 수출업자

환율이 변하지 않는 가운데 국내 물가가 오르면 수입품 판매업자는 이익을 얻게 됩니다. 수입했던 가격보다 훨씬 비싸게 물건을 팔면 되니까요. 그러나 국내 물가가 다른 국가보다 빠르게 오르면 환율이 약세를 보이게 됩니다. 한두 번은 다행히 이전에 값싸게 수입해둔 물량을 비싸게 팔 수 있겠지만, 이후에는 수입 가격이 비싸질 가능성이 커 반복되기는 어렵습니다. 따라서 수입업자 비즈니스가 매우 어려워질 가능성이 커집니다. 반면 수출업자는 국내 물가 상승이 환율 약세로 이어지면서 수출에 유리한 조건이 만들어집니다. 인플레이션의 승자는 수입업자가 아닌 수출업자가 될 가능성이 큽니다

서민 vs. 부자

인플레이션의 최대 피해자는 역시 서민들입니다. 부자들이나 중산층은 주식, 부동산, 땅, 금 등의 실물자산을 보유함으로써 인플레이션 충격을 어느 정도 피할 수 있습니다. 그러나 서민은 수입과 자산의 대부분을 현금의 형태로 지니고 있기 때문에 화폐 가치 하락의 충격을 아무런 장애물 없이 받게 됩니다. 또한 서민들은 식료품비, 에너지, 전월세 등의 생활물가 지출 비중이 상대적으로 높습니다. 이러한 생활물가는 외부 환경 변화에 민감해서 가장 먼저 상승하는 경우가 많고, 이때 서민 가정에 미치는 파급효과는 훨씬 커지게 됩니다.

인플레이션은 실질소득에
어떤 영향을 미칠까

인플레이션의 문제는 장기적으로 화폐의 가치가 하락하면서 개인의 부를 감소시킨다는 것입니다. 1억 원을 예금하거나 고정금리 채권에 투자했을 때 물가 상승률에 따라 실질소득이 어떻게 변화하는지를 〈표 0-2〉에 정리해보았습니다.

표 0-2 ➤ 물가 상승률에 따른 실질소득의 변화

사례	명목금리 (A)	물가 상승률 (B)	실질금리 (C = A-B)	세금 (이자소득세) (D = A× 15.4%)	세후 이자수익 (E = A-D)	세후 실질 이자수익 (F = A-D-B)
1	1% (100만 원)	2% (200만 원)	-1% (-100만 원)	0.154% (154,000원)	0.846% (846,000원)	-1.154% (-1,154,000원)
2	1% (100만 원)	1% (100만 원)	0%	0.154% (154,000원)	0.846% (846,000원)	-0.154% (-154,000원)
3	2% (200만 원)	0%	2% (200만 원)	0.308% (308,000원)	1.692% (1,692,000원)	1.692% (1,692,000원)
4	4% (400만 원)	2% (200만 원)	2% (200만 원)	0.616% (616,000원)	3.384% (3,384,000원)	1.384% (1,338,400원)
5	6% (600만 원)	4% (400만 원)	2% (200만 원)	0.924% (924,000원)	5.076% (5,076,000원)	1.076% (1,076,000원)

사례별 실질 이자수익의 변화

• 사례 1번

명목금리가 1%인 예금이나 고정금리 채권에 투자했을 때 물가 상승률이 2%라면, 실질금리는 명목금리에서 물가 상승률을 뺀 '-1%'가 됩니다. 예금을 하면 명목 이자수익에 이자소득세 15.4%를 부과하죠. 즉 사례 1번에서는 이자수익 100만 원에서 이자소득세 154,000원을 빼 세후 이자수익이 '846,000원'이 될 것으로 보입니다. 하지만 물가 상승률 2%(200만 원)를 고려해야 하므로 세후 실질 이자수익은 200만 원을 더 차감한 '-1,154,000원'이 됩니다. 무려 마이너스 수익이죠.

- **사례 2번**

명목금리가 1%인 예금이나 채권에 투자했을 때 물가 상승률이 1%라면, 실질금리는 명목금리에서 물가 상승률을 뺀 '0%'가 됩니다. 이때 명목 이자수익(100만 원)에 세금(이자소득세 15.4%)을 부과하기 때문에 154,000원을 빼면 세후 이자수익이 '846,000원'이 될 것으로 보이지만, 물가 상승률 1%(100만 원)를 차감해야 하므로 세후 실질 이자수익은 '-154,000원'입니다.

- **사례 3번**

명목금리가 2%인 예금이나 채권에 투자했을 때 물가 상승률이 0%라면 실질금리는 2%가 됩니다. 이때는 이자소득세(308,000원)를 빼더라도 1,692,000원의 세후 이자수익을 얻을 수 있고, 물가 상승률이 0%인 상황이기 때문에 세후 실질 이자수익도 1,692,000원이 됩니다. 이처럼 물가 상승률이 0%나 마이너스인 경제 상황을 디플레이션이라고 하죠.

- 사례 4번

명목금리가 4%인 예금이나 채권에 투자하고 물가 상승률이 2%라면 실질금리는 4%에서 2%를 뺀 2%가 됩니다. 이때 이자소득세(616,000 원)를 빼면 3,384,000원의 세후 이자수익을 얻을 것으로 보이지만, 물가 상승률 2%(200만 원)를 차감해야 하므로 세후 실질 이자수익은 1,338,400원이 됩니다.

- 사례 5번

명목금리가 꽤 높은 6%짜리 예금이나 채권에 투자하고 물가 상승률이 4%라면 실질금리는 6%에서 4%를 뺀 2%가 됩니다. 이때 이자소득세 (924,000원)를 빼면 약 5,076,000원의 세후 이자수익을 얻은 것으로 보이 지만, 물가 상승률 4%(400만 원)를 차감해야 하므로 세후 실질 이자수익 은 1,076,000원에 불과하게 됩니다.

'인플레이션 세금'이라는 개념

앞의 사례에서처럼 2%, 4%, 6%로 명목금리(A)가 올라가면 기대할 수 있는 이자수익(E)도 커집니다. 하지만 명목금리에 부과되는 세금(D)도 따라서 커지며, 여기에 물가 상승률(B)까지 반영해야 하므로 오히려 실 질 이자수익(F)은 더 낮아질 수도 있습니다. 명목금리 2%인 3번 사례 가 명목금리 4%인 4번 사례와 명목금리 6%인 5번 사례보다 세후 실질 이자수익이 큰 것을 보면 분명히 알 수 있습니다.

물가 상승률이 높아지면 투자자들은 실질적인 수익률을 오해하게

그림 0-2 ▶ 정부가 국민에게 부과하는 인플레이션 세금

될 가능성이 커집니다. 물가 상승률이 높아질수록 명목금리도 함께 올라가면서 이자수익이 커 보이죠. 하지만 세금도 함께 늘어날 뿐 아니라 물가 상승률을 고려한 실질 이자수익도 감소합니다.

다시 말해, 재정적자를 메우기 위해 화폐를 찍고 그 결과 인플레이션을 야기함으로써 정부가 국민에게 인플레이션 세금Inflation Tax을 부과하는 셈입니다. 이는 사람들이 보유한 화폐 가치의 감소를 의미합니다. 물가 상승률이 5%라면 지금부터 1년 후의 1억 원으로는 지금 9,500만 원의 가치를 가진 재화 또는 서비스만을 살 수 있습니다. 5%의 물가 상승률은 사람들이 보유한 모든 화폐에 대해서 5%의 세금을 부과하는 것과 마찬가지라는 얘기입니다.

미국에서는 1965~1980년, 2000년대 초반 그리고 2008년 금융위기 이후 수년 동안 명목금리는 높았지만 물가 상승률이 더 높아지면서 실질금리가 마이너스를 기록했습니다. 2020년도 마찬가지였습니다. 물

가 상승률을 고려할 때, 이 기간에 예금자들과 국채 투자자들은 오히려 손실을 보았다는 결론입니다. 특히 1970년대는 10%를 웃도는 이자를 받았다고 좋아했겠지만, 물가 상승률이 그보다 훨씬 높았기에 투자 성과는 마이너스였습니다.

한국도 마찬가지입니다. 1980년대에는 10%를 훌쩍 넘는 높은 실질금리를 경험했지만, 1990년대 외환위기 이후 물가 상승률과 명목금리가 빠르게 하락하고 세금이 올라가면서 실질금리가 2% 수준으로 줄었습니다. 이후에는 물가 상승률에 따라 실질 이자수익이 마이너스인 경우가 종종 발생하기도 했습니다.

실질 이자수익이 마이너스라는 것은 '금리가 물가 상승률을 이기지 못한다'라는 의미이기도 합니다. 따라서 물가 상승률을 넘어설 수 있는 투자가 필요합니다. 굳이 주식이 아니더라도 국채보다 추가 금리를 더 제공하는 회사채, 중위험-중수익 대체 투자 등이 대안이 될 수 있습니다.

인플레이션의 여덟 가지 속성

우리는 화폐라는 매개체를 통해 경제가 돌아가는 시스템 안에서 살아가고 있습니다. 그러므로 투자 측면에서만이 아니라 생활 전반적인 면에서 인플레이션이 어떤 영향을 미치는지 꼭 이해해야 합니다. 이 책에서는 인플레이션의 속성에서부터 시대별 인플레이션의 양상, 중앙은행과 인플레이션의 관계, 미국의 120년간 인플레이션과 금리 분석,

세계 주요국의 통화정책 흐름을 살펴본 뒤 현재는 어떤 시점에 와 있는지를 진단해보겠습니다. 또한 오랜 인플레이션의 역사를 통해 끄집어낸 다음의 여덟 가지 속성을 기반으로 향후 인플레이션의 미래를 전망하고자 합니다.

1. '화폐 착각' 때문에 인플레이션이 또 다른 세금이란 것을 인지하기 어렵다.
2. 역사적으로 인플레이션을 불러온 근원적인 문제는 부실한 재정이었다.
3. 화폐는 해당 국가의 신용도를 보여주는 것이며, 지나치게 높은 인플레이션율은 정부에 대한 신뢰의 위기를 의미한다.
4. 유사시 중앙은행은 정부의 영향력에서 독립적이기 어렵다.
5. 정치, 경제적 격변기에는 정부의 금융 억압과 인플레이션이 발생할 가능성이 크다.
6. 인플레이션은 언제 어디서나 정치적 현상이다.
7. 1980년대 이후 인플레이션 통제는 중앙은행의 대담한 대응과 함께 강력한 사회적 합의가 있었기에 가능했다.
8. 닉슨 독트린 이후 신용 화폐 시대에는 위기 때마다 돈을 풀어서 문제를 해결했지만, 통화량과 인플레이션율의 상관관계는 일정하지 않았다.

제1장

화폐의 등장과
인플레이션의 역사

물품 화폐에서 주조 화폐로

초기 화폐의 변천

인류사에 맨 처음 등장한 화폐는 물품 화폐입니다. 소금이나 조개껍데기같이 쉽게 파손되지 않으면서 신성하거나 귀중하다고 생각되는 물품이 화폐의 역할을 수행했습니다. 시간이 흐르면서 금, 은, 동, 철과 같은 금속이 모든 면에서 뛰어난 화폐라는 걸 알게 됐습니다. 예컨대 금은 가치, 이동성, 내구성, 분할 가능성에서 소금이나 조개껍데기에 비할 바가 아니죠. 그래서 물품 화폐에서 금속 화폐로 이행됐습니다.

그러나 금속 화폐는 일일이 무게를 달아 교환 대상과 가치가 같다는 것을 확인해야 하는 번거로움이 문제가 됐습니다. 특히 금, 은 등의 귀금속은 양이나 순도가 약간만 차이가 나도 가치가 크게 달라질 수 있기 때문에 더욱 그랬습니다. 이런 금속 화폐의 문제는 주조 화폐가 등장하면서 해결됐습니다. 주조 화폐는 금속 가공 기술의 발전을 토대로 주형을 만들고 금속을 녹여 부어 일정한 형태로 만든 것으로, 일일이 양을 측정할 필요가 없었습니다. 그러나 화폐의 순도와 품질을 보증할 만큼 강력한 국가가 출현할 때까지는 제한적으로만 통용됐습니다.

기록에 있는 최초의 인플레이션은 기원전 4세기 그리스 시라큐스의 왕 디오니시오스의 이야기입니다. 신하들에게 돈을 빌렸던 왕은 채무 상환이 어려워지자 유통되는 모든 주화를 회수했습니다. 그리고 기존의 1드라크마 주화를 녹여 2드라크마를 찍어냈고, 그 차익으로 자신의 부채를 상환했다고 합니다. 이는 100%의 인플레이션율, 즉 화폐 공급이 2배가 증가한 것입니다. 드라크마 화폐의 가치가 반 토막이 나면서 얼마나 큰 금융 혼란이 있었는지는 알지 못하지만, 이후로 많은 통치자가 국민의 재산을 착취하는 데 이러한 무기를 자주 사용했다는 기록이 넘쳐나고 있습니다.

주조 화폐의 등장과 시뇨리지

주조 화폐는 금속의 실제 가치와 주조 화폐의 액면 가치가 다르다는 약점이 있었습니다. 주조 화폐가 화폐로 존속하려면 소재의 가치가 액면 가치보다 낮아야 하고, 그래야 화폐로서 통용력이 높아집니다. 이

그림 1-1 ▶ 화폐 주조 이익, 시뇨리지

화폐 액면가	100달러
- 제조 비용	10달러
= 시뇨리지	90달러

처럼 액면 가치가 소재 가치보다 높은 주조 화폐를 대량으로 발행함으로써 얻는 차익을 '시뇨리지seigniorage'라고 합니다. 예컨대 10달러의 제조비용으로 액면가 100달러 지폐를 만들 때 발생하는 90달러의 제조이익을 말하죠.

시뇨리지는 봉건 시대 시뇨르Signor라고 불리던 영주들이 화폐 주조를 통해 이익을 얻은 데서 유래한 표현입니다. 화폐 주조권자인 국왕이나 영주는 자신의 조폐소에서 금이나 은을 화폐로 찍어내면서 금속의 원가(제조 비용)와 화폐의 액면가 간 차이에서 상당한 이익을 얻었습니다. 화폐를 발행하는 법적인 권리가 국왕 또는 영주에게 있었기 때문에 티를 내지 않고 교묘하게 국민의 부를 착복할 수 있었죠.

초창기의 주조 화폐만이 아니라 현대식 지폐에서도 화폐를 찍을수 있는 권한 자체가 정부 수입의 원천이라고도 할 수 있습니다. 정부는 화폐를 찍을 수 있는 배타적인 권한을 갖고 있으며, 실제로 정부 지출에 충당하기 위해 빈번하게 화폐를 찍습니다. 오늘날 중앙은행이 무이자 화폐를 발행해서 이자를 취득함으로써 얻는 이익 역시 시뇨리지라고 합니다.

현대 금융 시스템에서의 시뇨리지

재정지출에 충당하기 위해 화폐를 찍어내면 유통 중인 현금이 늘어납니다. 따라서 화폐 공급의 증가는 이와 유사한 정도의 물가 상승을 가져옵니다. 이것이 인플레이션이죠.

새로 인쇄된 화폐로 매입한 재화와 서비스의 대금은 결국 현재 화폐를 보유하고 있는 국민이 부담하게 됩니다. 국민이 보유한 화폐의 구매력을 인플레이션이 잠식하면서 정부 지출의 대금을 화폐 보유자들이 납부하는 것이나 마찬가지인 것입니다.

역사적으로 정부들은 시뇨리지를 주요한 수입원으로 삼은 경우가 많았습니다. 1860년대 미국의 남북전쟁 당시에도 남과 북 양측 모두 재정적자를 충당하기 위해 시뇨리지에 크게 의존했습니다. 당시 미국에는 중앙은행이 없었기에 남쪽 정부와 북쪽 정부는 각각 자신들의 화폐를 대규모로 찍어내면서 이를 통해 전쟁 자금을 조달했고, 이에 따라 심각한 인플레이션이 닥쳤습니다.

그러나 현대 금융 시스템에서는 시뇨리지가 정부 예산에서 그리 큰 비중을 갖진 못합니다. 미국 정부는 시뇨리지를 통해 연간 150~170억 달러의 수익을 얻는다고 합니다. 이는 미국 정부 예산에서 1% 미만에 불과합니다. 또한 시뇨리지에 대한 고려는 화폐를 얼마나 찍어낼 것인 가에 대한 미 연방준비제도의 결정에도 아무런 영향을 끼치지 못합니 다. 연준의 관심은 인플레이션과 실업을 관리하는 것이지 화폐를 발행 해 재정수입을 얻는 것이 아니기 때문입니다.

'화폐 착각' 때문에 인플레이션이 또 다른 세금이란 것을 인지하기 어렵다

예를 들어 철수라는 A증권사 신입직원의 연봉이 4,000만 원이고 입사 첫해 물가 상승률이 0%인 상태에서 2년 차에 연봉이 2% 인상되었다고 해봅시다. 한편, 다른 시간대에 영희라는 B증권사 신입직원의 연봉이 4,000만 원이고 입사 첫해 물가상승률이 4%인 상태에서 2년 차에 연봉이 5% 인상되었다고 해보죠. '다른 모든 조건이 동일할 때 둘 중에서 경제적으로 따지면 누가 더 유리한가?'를 물었더니, 응답자의 71%가 철수라고 답했습니다. 인플레이션을 고려한 실질임금을 따지면, 철수가 받는 2년 차 연봉이 영희보다 높다는 것을 제대로 알고 있다는 뜻입니다. 이번에는 '누가 더 행복할 것 같은가?' 하는 질문을 던졌더니, 64%가 영희라고 답했습니다. 다음으로 '다른 회사에서 스카우트 제의가 올 경우 연봉에 불만을 품고 옮길 확률이 더 높은 사람은 누구일까?' 하는 질문에 65%가 철수라고 대답했습니다.

심리학자 아모스 트버스(Amos Tversky)와 엘다 샤피르(Eldar Shafir)가 1997년 「쿼털리 저널 오브 이코노믹스(The Quarterly

Journal of Economics)」에 발표한 논문에 실린 실험 내용입니다. 이 실험은 사람들이 실질임금이 경제적으로 나은 것임을 알고 있지만, 체감상으로 명목임금을 더 중요하게 여긴다는 것을 보여줍니다. 이처럼 화폐의 명목 가치를 실질 가치보다 낫다고 오해하는 것을 '화폐 착각(money illusion)'이라고 합니다.

여러 가지 이유로 발생하는 심각한 인플레이션은 화폐를 보유한 개인들에게 세금을 부과한 것(인플레이션세)이나 마찬가지입니다. 그러나 사람들은 이런 화폐 착각 때문에 인플레이션의 세금 효과를 인지하지 못하는 경우가 많습니다. 1863년 남북전쟁 이후 1960년대까지 인플레이션은 전쟁과 같은 이벤트뿐만 아니라 평시에도 수시로 발생했습니다. 수십 년간의 저물가에 익숙했던 1960년대 후반의 사람들도 방심했었습니다. 인플레이션은 이렇게 방심할 때 예고 없이 찾아옵니다.

인플레이션은 또한 다른 대부분의 세금과 마찬가지로 사람들의 행동 변화를 유발합니다. 인플레이션이 극심할 때 사람들은 시간이 갈수록 가치가 하락하는 화폐를 줄이고 높은 이자를 주는 자산이나 실물을 보유하려 했습니다. 독일의 하이퍼인플레이션기에 사람들은 계란이나 석탄 덩어리를 교환의 매개 수단으로 사용하기도 했다고 합니다. 석탄 덩어리는 시간이 흘러도 실질 가치를 유지했지만 화폐는 그렇지 않았기 때문입니다. 인플레이션이 절정에 달했을 때 사람들은 지폐를 땔감으로 사용하기도 했습니다. 돈이 장작만큼의 가치도 없었기 때문입니다.

　또한 인플레이션이 심해질수록 사람들이 실질 화폐 보유량을 더욱 줄이기에 정부는 정해진 양의 재화와 서비스 구매 대금을 지급하기 위해 충분한 금액의 화폐를 더 발행하는 경우가 많습니다. 정부가 적자를 메우기 위해 궁극적으로 거둬들여야 할 실질 인플레이션세의 양은 변하지 않지만, 이 양을 거둬들이기 위해 정부가 발생시켜야 하는 인플레이션율은 계속 상승합니다. 따라서 정부는 화폐 공급을 더 빠르게 증가시켜야 하고 인플레이션율은 계속 높아지는 악순환이 반복되어 통제할 수 없는 상황이 되어버립니다. 20세기에 발생했던 하이퍼인플레이션은 이런 상황에서 비롯됐습니다.

금속 화폐 시대 인플레이션: 순도 저하와 통화량 확대

화폐 주조권과 인플레이션

그리스 시대: 일정하게 유지된 금속 화폐의 가치

오늘날에도 그리스 지역에서 당시 주화가 발견되는데, 그 품질이 일정한 편입니다. 그리스 시대에는 이후의 시대와 달리 동전의 가치를 일정하게 유지하기 위해 노력했습니다. 심지어 전쟁과 같은 긴급 상황에서도 돈의 가치를 지키려고 했죠. 어떻게 그리스는 동전의 가치를 일정하게 유지할 수 있었을까요?

첫 번째는 화폐의 경쟁력 문제입니다. 무역이 활성화되면서 동전이 활발하게 사용됐지만, 대규모 제국에 의해 단일 통화가 지정된 것이 아니었기 때문에 순도에 대한 신뢰가 약화된 동전은 거래에서 경쟁력을 갖지 못했을 것으로 판단됩니다.

두 번째는 정부의 의지입니다. 농업을 중시하는 스파르타는 권위주의적인 정부였고 화폐를 통한 교역이 크게 중요하지 않은 상태였던 반면, 상공업을 중시하는 아테네는 국민에 의해 대표가 선출되는 민주 정부였기 때문에 상공업 거래의 근간을 무너뜨리는 화폐의 순도를 조작하는 것은 용서되지 않았으리라는 생각이 듭니다.

세 번째는 사람들의 인식입니다. 화폐가 사물로서 일정한 가치를 갖고 있기 때문에 교환의 매개 수단으로 사용된다는, 아리스토텔레스 당시 그리스인들의 생각도 작용했다고 판단됩니다. 아리스토텔레스는 교환이 발전하는 단계를 네 가지로 이야기했습니다. 첫째는 상품과 상품을 직접 맞바꾸는 물물교환이고, 둘째는 화폐를 매개로 한 물물교환입니다. 여기까지의 단계에서는 화폐를 사용 가치의 확장을 목적으로 삼는 것으로 보고, 직접적 교환 같은 기능을 더욱 효율적으로 수행하기 위한 수단이므로 자연적인 것이라고 말했습니다. 이어서 셋째는 나중에 더 많은 돈을 받고 판매하기 위해서 화폐로 각종 재화를 사들이는 것, 넷째는 화폐를 가진 자들이 이자를 받을 목적으로 빌려주는 고리대금업(화폐가 새끼를 치는 것)입니다. 이 두 단계는 자연스럽지 않은 것으로 혐오스럽다고 말했습니다.

이렇게 화폐의 증식을 위한 거래는 적절하지 않다는 생각이 널리 퍼져 있는 데다, 화폐의 순도를 낮춰가면서 이득을 챙기겠다는 강력한 권력이 부재했던 상황이 그리스 시대 주화의 품질을 일정하게 유지할 수 있었다고 판단됩니다.

그림 1-2 ➤ 고대 그리스의 드라크마 금화와 은화

로마 시대: 92%에서 2%까지 떨어진 은 함량

돈의 가치가 일정하게 유지됐던 그리스와 달리, 로마의 화폐는 시간이 흐를수록 가치가 낮아진 것으로 유명합니다. 로마의 황제들은 기회가 있을 때마다 돈의 가치를 계속 낮추었습니다. 〈그림 1-3〉은 로마의 대표적인 은화 데나리우스Denarius의 시기별 은 순도를 보여줍니다. 기원 후 54년경에 92%였던 은 함유량이 180년에는 70%로 줄었고, 216년에는 50%로 감소했습니다. 급기야 270년에는 은이 2%밖에 들어 있지 않은 동전이 되고 맙니다. 은의 순도에 따라 동전의 색깔도 분명히 달라

그림 1-3 ➤ 로마 시대 은화 데나리우스의 시기별 은 함유량

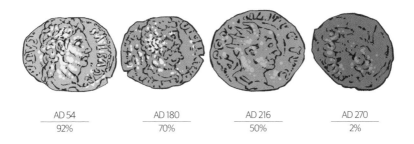

AD 54	AD 180	AD 216	AD 270
92%	70%	50%	2%

짐을 확인할 수 있습니다. 세계 최대의 제국이었던 로마는 왜 이처럼 불량 화폐를 남발하게 됐을까요?

강력한 중앙집권 경제 그리고 강한 정치적 권력이 약화돼 정부 재정에 문제가 생겼을 때 새로운 경제개혁을 추진하지 못했고, 아시아 제국들처럼 세금 인상을 통해 문제를 해결하기도 어려웠습니다. 그래서 가장 손쉬우면서 단기적으로 정치적 리더십을 크게 훼손하지 않았던 화폐의 순도를 낮추는 방법을 선호한 것으로 보입니다.

초기 시민들은 화폐의 순도가 저하된 것을 눈치채지 못했고, 그래서 경제도 그럭저럭 유지됐습니다. 하지만 시간이 지나면서 순도가 현격히 떨어져 강력한 인플레이션이 야기됐습니다. 이러한 화폐 가치의 하락은 금융 시장의 신뢰를 훼손하면서 로마 경제에 큰 충격을 가했습니다. 이후 디오클레티아누스와 콘스탄티누스 황제는 물가와 임금을 통제하고 재정 제도를 정비하면서 전반적인 변화를 모색했으나 근본적인 문제를 해결할 순 없었습니다.

콘스탄티누스 황제는 가치가 하락한 데나리우스 은화 대신 솔리두스Solidus 금화를 도입하는 화폐개혁을 단행했습니다. 하지만 그가 죽고 난 후 로마가 동서로 분열되고, 이후 서로마가 멸망하면서 솔리두스 화폐는 자취를 감추게 됩니다.

중세 유럽: 자급자족 경제와 욕망을 절제하는 분위기 속에서 화폐 유통이 부진하고 인플레이션율도 높지 않아

가톨릭이 지배했던 중세 유럽은 화폐 가치 하락과 인플레이션에 대한 사례도 많이 발견되지 않습니다. 지방 분권이 이루어지면서 지역별 자급자족 경제를 근본으로 했고, 로마처럼 강력한 제국을 기반으로 화폐를 발행하여 경제 교역을 할 수 있는 여건이 마련되지 않았기 때문입니다. 또한 경제적인 여건뿐 아니라 아리스토텔레스의 사상을 토대로 지방 영주와 수도원 수사들에 의한 인간의 욕망을 절제하려는 시대적 분위기도 중요한 역할을 했다고 판단됩니다.

중세는 봉건 영주들이 부의 대부분을 차지하고 교역이 활발하지 못했기 때문에 화폐는 소수 계급의 전유물이었습니다. 중세 유럽에서는 로마 시대에 만든 솔리두스 금화가 통용됐다고 합니다. 그러나 왕권은 약했고 지역에서는 봉건 영주들의 힘이 셌기 때문에 화폐 주조 권한이 나뉠 수밖에 없어, 지방 영주들이 주조한 화폐들이 로마 시대 금화와 뒤섞이면서 유통되었습니다. 이후 프랑크 왕국에서 카롤링거 왕조 시대에 피핀과 샤를마뉴 대제에 의한 화폐개혁이 이루어지면서 중세 유럽의 화폐 제도가 확립되었습니다.

암흑기를 보낸 중세 시대의 화폐는 신성로마제국이 형성되고 다시 중앙집권화가 이루어지면서 국왕이 주도하는 화폐의 역할이 확대되기 시작했습니다. 이탈리아를 중심으로 국제 무역이 활발해져 금화의 필요성이 대두했고, 십자군의 영향으로 오리엔트에서 금이 들어오게 되어 13세기부터 금화가 다시 주조되기 시작했습니다. 화폐경제는 종교개혁과 신대륙의 발견 등 내연과 외연의 확장으로 인간의 욕망이 확장되는 르네상스 시기에 다시 부각되기 시작했고, 화폐의 가치를 인위적으로 변조하면서 근대 초기 인플레이션으로 연결됩니다.

근대 초기(15세기 중반, 17세기 초반): 주화에 대한 권리 남용으로 인플레이션 발생

주화에 대한 권리^{Münzregal}(뮌츠레갈)는 신성로마제국 시대에도 왕실의 특권^{Regalia}이었습니다. 얼마나 다양한 동전을 지정할 것인지부터 동전을 주조할 수 있는 권리와 사용에 관한 규정을 만들 수 있는 권리를 가졌을 뿐 아니라 주조에 따른 이익도 차지할 수 있었습니다.

중세 시대 고대 로마를 모방했던 프랑크 왕국은 샤를마뉴가 중앙집권화된 정부를 만들면서 왕실 행정부가 주화에 대한 모든 권리, 화폐의 생산과 운영, 주화의 표준 결정들을 독점해왔습니다. 그러다가 9세기 이후 경제가 빠르게 성장하면서 관세 및 시상에 관한 권리와 관련된 주화에 대한 권리가 주교인 교회 통치자들에게 위임되기도 했고, 11세기부터는 영지를 받은 왕자들, 나중에는 마을과 도시에도 위임되었습니다. 1356년부터는 광산 채굴권과 함께 이러한 권리가 선제후들(황제를 뽑는 선거권을 가진 제후)에게도 위임되었습니다. 그럼에도 주화에 대한 권리는 공식적으로 신성로마제국 황제에게 남아 있었습니다.

1457년 합스부르크 왕가에서 왕위 계승과 유산 상속을 놓고 알브레히트 6세와 그의 형제 프레드릭 3세 사이의 싸움이 벌어지면서 주화에 대한 권리가 남용되기 시작했습니다. 전쟁을 치르면서 용병에게 지불할 돈이 부족해지자 알브레히트는 동전을 주조할 수 있는 권리를 팔았고, 이 권리를 소유한 자들이 은의 함량을 크게 낮추고 구리와 납의 비중을 높인 은화를 대량 발행했습니다. 이렇게 저질 금속으로 합금된 은화는 시간이 지남에 따라 검게 변하면서 '검은 동전^{Schwarz Pfennig}' 또는

'쉰더링에Schinderling'라는 이름을 얻었습니다. 이렇게 유럽의 근대 초기 1457년부터 1460년까지 현재 오스트리아 지역에서 은화의 품질이 저하되면서 발생한 인플레이션 시기를 '쉰더링에 시대Schinderlingszeit'라고 합니다

쉰더링에 동전의 가치 하락 수준이 실제로 얼마나 심각했는지는 헝가리 길더 화폐와의 교환 비율을 보면 알 수 있습니다. 1458년 초에는 270개의 쉰더링에 동전을 1길더로 교환할 수 있었지만 1460년 4월에는 3,686개를 쥐야 했고, 결국엔 아무도 더는 쉰더링에 동전을 받아주지 않았다고 합니다. 신성로마제국의 인플레이션은 1460년 말 화폐개혁을 통해 새로운 은화를 다시 도입하면서 비로소 안정을 찾을 수가 있었습니다.

한편 강력한 중앙집권 국가의 출현이 늦었던 중부 유럽에서는 동전의 순도를 저하시키는 '키퍼 운트 비퍼Kipper und Wipper'가 성행하기도 했습니다. 키퍼 운트 비퍼는 '동전을 양팔 저울에 올려놓고 재보고 흔들어본다'라는 뜻입니다. 동전을 저울Kipperzeit에 올려놓은 다음 아직 가치절하가 되지 않은 동전이라면, 이것을 전부 회수Wipperzeit해서 납, 구리, 주석과 같은 더 싼 기본 원소를 녹여 넣어 재발행하는 것입니다.

신성로마제국 내 도시국가들은 1618년에 발발한 30년 전쟁의 전비를 마련하기 위해 보다 많은 화폐 발행 이익을 노리고 화폐 가치를 절하시켰습니다. 봉건 영주, 대수도원장, 대주교, 황제까지도 기존 주화의 액면 단위를 인상하고, 금속의 표준을 교체하며, 주화의 금속 함량을 축소하는 등의 방법을 사용하여 일상 거래에서 사용하는 주화의 저

질화를 지속한 것입니다. 톨스토이의 단편소설 「바보 이반」에서는 이렇게 가치가 떨어진 동전을 아이들이 장난감으로 가지고 노는 장면이 묘사되기도 합니다.

이렇게 품질이 하락한 주화를 국경을 넘어 다른 지역으로 가져가서 품질이 괜찮은 주화로 교환함으로써 엄청난 이익을 챙기는 사례가 늘어나기 시작했습니다. 타 지역에서 들어온 악화로 피해를 입은 지역에서는 자신들의 주화 가치를 떨어뜨려서 방어했고, 똑같은 방법으로 이웃 지역으로 가져가 주화를 바꿔치기하는 방법으로 손실을 보전하고 전쟁 자금을 축적했습니다. 더 많은 화폐 발행 이익을 얻기 위해 더 많은 주조시설이 건실되기도 했습니다. 이렇게 1600년경 소규모로 시작

그림 1-4 ≫ 키퍼 운트 비퍼 시대

된 화폐 변조가 빠르게 확대되면서 1620년 극심한 인플레이션으로 경제가 더욱 피폐해지는 상황이 발생했습니다.

흑사병과 인플레이션

알다시피 14세기 유럽에서는 흑사병이 확산됐습니다. 발병 초기에는 전반적인 수요 감소로 물가가 하락하고 디플레이션 상황에 진입했지만, 이후 흑사병이 유럽 경제와 사회 구조에 영향을 미치면서 인플레이션의 시대로 급격히 전환됐습니다.

우선 인구학적 측면에서 1000년경부터 유럽의 인구는 증가 추세를 보였고, 이 추세는 이후 3세기 동안 지속됐습니다. 정착지가 몇 배로 증가했고 새로운 도시가 생성됐습니다. 황무지 개간도 시작되면서 유럽의 인구는 2~3배 증가했습니다. 급속한 인구 증가로 위기가 빈번하게 발생했지만, 그럼에도 증가 추세는 지속됐습니다.

그러다가 13세기 말부터 14세기 중반까지 여러 가지 재난과 위기가 발생하면서 증가 추세는 동력을 잃고 정체됐으며, 급기야는 오히려 인구가 감소하게 됩니다. 기후 변화로 인한 대기근, 흑사병, 전쟁 등이 모두 복합적으로 작용했기 때문인 것으로 판단됩니다.

13~14세기 유럽을 강타한 몇 가지 재난

첫 번째 발생한 재난은 기후 변화와 함께 찾아온 대기근입니다. 14세기 초반 유럽을 휩쓴 대기근은 영국에서 러시아, 스칸디나비아에서 지중해까지 유럽 여러 지역에서 1315년부터 1322년까지 7년 동안 지속됐습니다. 농업 생산력이 인구 증가율을 따라잡지 못했고, 수확기의 이상 기후로 비축한 식량이 충분하지 않았습니다. 또한 당시 발생한 대규모 전쟁으로 식량 배급이 어려워졌을 뿐 아니라 급격한 환경 변화에 농민들이 적응하지 못한 점들이 대기근의 원인으로 지목되고 있습니다. 대기근은 연속적인 자연재해가 발생하면서 더욱 심각해졌습니다. 겨울이 유난히 길어지고 더 추워지면서 식물의 생장 기간이 단축됐고, 엄청난 비가 내리면서 작물 수확에 커다란 타격을 받았습니다.

두 번째 재난은 유럽 최고의 재앙이라 불리는 흑사병입니다. 불과 몇 년 만에 20세기에 발발한 제1·2차 세계대전 당시의 사망자 수를 전부 합한 것보다 많은 사람이 목숨을 잃었습니다. 흑사병이 유럽에서 그토록 큰 피해를 낸 이유는 흑사병 발발 이전부터 사람들의 건강이 나빠지고 신체가 전반적으로 쇠약해졌기 때문인 것으로 알려져 있습니다. 1315년부터 7년 동안 지속된 대기근으로 영양 상태가 나빠지면서 이것이 위기의 씨앗이 된 겁니다. 게다가 기후 변화도 심해져 유럽에서는 이미 이 새로운 전염병이 유행할 만한 조건이 마련되어 있었습니다. 유럽 인구의 절반가량이 흑사병으로 희생됐으며, 사망률은 지역적으로 10%에서 60%를 기록했습니다.

흑사병은 유럽 경제와 사회 구조를 완전히 바꿔놓았습니다. 특히 수많은 농부가 죽어 나간 나머지 대지주가 소유한 땅을 경작할 노동력이 점점 부족해지면서 농노제와 봉건제가 더는 유지될 수 없었습니다. 흑사병과 함께 모든 영역의 물가가 하락해 고통이 시작됐습니다. 잠재적 소비자들이 대규모로 사망하면서 재화에 대한 수요가 감소하는 디플레이션 시대가 시작된 것입니다.

흑사병으로 인한 1차 쇼크가 안정을 찾아갈 무렵부터는 물가가 상승하기 시작했습니다. 가장 큰 요인은 화폐량 증가입니다. 인구가 급감하면서 상품 생산량이 감소했지만 시중에 유통되는 화폐량은 감소하지 않았던 겁니다. 그런 상황에서 유럽의 국왕과 영주들은 과거 로마 제국이 위기에 대처했던 것과 똑같은 정책을 실시했습니다. 흑사병으로 인한 긴급 상황에 대응하기 위해 화폐를 대량으로 공급한 것입니다.

세 번째 재난은 전쟁입니다. 특히 규모가 큰 영국과 스코틀랜드가 전쟁을 계속하면서 많은 자산을 소모하고 공급 부족에 따른 인플레이션을 촉진했습니다. 흑사병 창궐 이전인 1337년에 영국과 프랑스가 백년전쟁(1337~1453)에 돌입합니다. 영양실조·빈곤·질병·굶주림이 전쟁으로 배증하고, 치솟는 물가와 그 외 경제 상황이 14세기 중반의 유럽을 비극으로 내몰았습니다.

14세기의 재앙이 15세기 성장의 발판을 마련하다

특히 두드러지는 것은, 흑사병으로 사회적 긴장과 갈등이 한층 더 고조됐지만 물가와 임금 협상에서의 관계가 갑자기 역전됐다는 것입니다. 도시 인구와 수요가 급격히 감소함에 따라 노동자 부족으로 임금

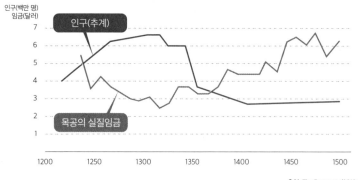

그림 1-5 ➤ 흑사병 초기의 인플레이션: 중세 영국의 인구와 목공의 임금 추이

출처: The Economist(2013.10)

이 상승하는 한편, 곡물과 그 외 식료품의 가격은 급격히 하락했습니다. 국왕은 이에 대해 우선 임금을 통제했습니다. 그러나 이 조치로 농민과 노동자의 적대감이 고조됐고, 그들은 가능한 한 그 통제를 피하려고 했으며, 그들을 강요하려는 심각한 시도가 이루어질 때는 반란을 일으켰습니다. 14세기 후반에는 반란, 혁명, 내전이 유럽 전역에서 발생했습니다. 모두가 임금 통제 때문에 발생한 것은 아니었지만, 기근·전염병·전쟁에 따른 갑작스러운 경제 환경의 변화와 어떤 식으로든 관련되어 있었습니다.

이는 농노의 지위 상승 또는 임금 상승을 의미합니다. 농민들의 반란이 직접적인 목적을 달성하진 못했지만, 서유럽에서는 경제 환경의 변화에 따라 농민들이 장원의 구속에서 벗어나 자유를 누리게 됐습니다. 지배계급의 정치력과 군사력이 더 커졌음에도 부역이나 임금 통제를 더는 강요할 수 없게 됐는데, 그 이유는 영주들이 임금 지급 또는 임대의 방식으로 자신의 토지를 경작할 농민을 끌어들이기 위해 서로 경쟁을 벌여야 했기 때문입니다.

14세기 후반의 소용돌이가 끝난 후, 15세기 영국에서는 '노동자들의 황금기'가 시작됐습니다. 실질임금, 즉 소비재 가격 대비 임금은 그 이전이나 이후 19세기까지 어떤 시기보다 상승률이 높았습니다. 서유럽의 다른 지역에서도 시장의 기능에 따라 농노제의 상징인 농노층이 분해됐고 농민의 임금과 생활 수준이 향상됐습니다. 도시의 수요가 미약하여 곡물 가격이 낮았고, 경지가 비교적 풍부했기 때문에 가축 사육이 촉진됐으며, 곡물보다 구근 작물이나 사료 작물 생산의 비중이 더 높아졌습니다. 14세기의 대전염병 그리고 그와 관련된 재앙은 가공할 만한 것이었지만, 그것은 15세기에 시작된 새로운 성장과 발전의 발판을 마련하는 강력한 계기가 됐습니다.

16세기 가격혁명과 인플레이션: 중남미 금·은 유입으로 통화량 확대

15~16세기, 대항해 시대

15세기에서 16세기까지 대항해 시대에 이뤄진 유럽인들의 지리상 발견은 의도하지 않게 돈의 가치를 약화하면서 인플레이션을 촉발했습니다. 그 전까지는 적도 근처에서 부는 강한 무역풍 때문에 서아프리카에서 채굴된 황금을 배로 싣고 올 수가 없었습니다. 그러나 항해 기

그림 1-6 ➤ 대항해 시대 스페인 항구 세비야

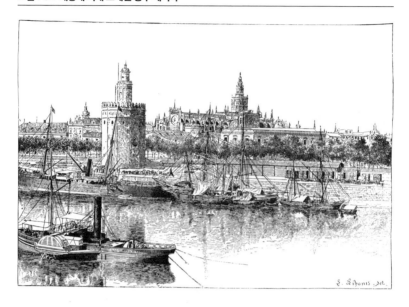

그림 1-7 ➤ 페루의 포토시 은광산 풍경

술이 발전하면서 포르투갈이 마침내 아프리카 대륙의 풍부한 금과 면화를 유럽으로 들여오는 데 성공합니다.

여기에 자극을 받은 스페인은 황금을 얻기 위해 인도로 가는 항로를 찾다가 아메리카 대륙을 발견했습니다. 바로 콜럼버스의 활약이죠. 특히 1545년 볼리비아 포토시에서 대규모 은광이 발견되면서 상황이 완전히 달라졌습니다. 포토시의 은은 유럽 전체 매장량보다 훨씬 많은 엄청난 양이었습니다. 이후 300년 동안 연간 300톤의 은이 생산되어 절반은 유럽으로, 나머지는 아시아로 운송되어 중국의 비단이나 차 등과 교환되면서 전 세계에 은화를 공급했습니다.

이렇게 유럽에 은이 넘쳐남에 따라 수천 년 동안 안정되어온 금·은의 교환 비율이 급격하게 변했습니다. 스페인은 말할 것도 없고 유럽의 구석구석까지 일상생활 물가가 높아지면서 일대 혼란이 초래됐습니다. 16세기 중반 은광의 발견 이후 150여 년간 지속된 물가 상승 현상을 '가격혁명'이라고 합니다. 대항해 시대가 가져온 의도하지 않았던 인플레이션이었습니다.

금·은의 유입이 인플레이션을 부르다

16세기에 중남미의 광산에서 스페인으로 유입된 금과 은에 의해 유럽의 물가는 매년 1~1.5% 상승했고, 17세기 중반까지 스페인의 물가는 6배로 뛰어올랐습니다. 당시 경제는 '국가가 부강해지기 위해서는 금·은 보유량이 많아야 한다'라는 중상주의가 지배하고 있었습니다. 따라서 엄청난 금과 은을 보유한 스페인은 이러한 자신감을 갖고 유럽 내

각종 전쟁에 개입하고 사치품을 매입했으며 교회와 성을 건축했습니다. 여기서 발생한 인플레이션은 과잉 수요나 화폐 가치의 하락에 기인한 것이 아니라, 화폐의 유통량이 급격히 증가했기 때문이었습니다.

이렇게 중남미에서 유입된 대규모 금과 은이 유럽에 인플레이션을 일으킬 수 있다는 것을 당시에는 생각도 하지 못했습니다. 신대륙의 귀금속 유입과 물가 상승을 처음 연결 지어 생각한 사람은 프랑스의 장 보댕Jean Bodin과 영국의 토머스 스미스Thomas Smith였습니다.

특히 보댕은 "신대륙의 금·은 유입이 16세기 프랑스의 인플레이션을 초래했다"라고 결론지었습니다. 실질적으로 금·은 보유량과 물가 상승률이 비례한다고 본 최초의 화폐수량설Quantity Theory Of Money이라고도 할 수 있습니다. 화폐수량설은 어빙 피셔Irving Fisher의 'MV = PT'라는 항등식에서 출발하죠. 여기서 M은 통화량(화폐 공급), V는 화폐의 유통 속도, P는 물가 수준, T는 거래량(경제산출량)을 의미합니다. 즉, '화폐의 유통 속도(V)와 경제활동 증가량(T)이 일정하다면 물가(P)는 통화량(M)에 비례한다'라는 뜻입니다. 볼리비아의 포토시 광산 개발 이후 신대륙의 금·은이 스페인으로 유입됐고, 이것이 무역을 통해 네덜란드와 다른 유럽 국가들로 퍼졌습니다. 금·은의 증가분과 유사한 정도로 물가가 상승하거나 인구 증가, 무역 및 교통의 발달 등으로 경제활동의 증가를 가져오면서 금·은의 증가분보다 약간 낮게 물가가 상승했다는 것이죠.

당시 일반인에게 이러한 설명은 익숙하지 않았습니다. 그래서 보댕은 양팔 저울을 통해서 인플레이션을 설명합니다. 저울의 한쪽에는 화폐(은화)를, 다른 한쪽에는 상품(빵)을 올려놓아 균형을 맞춥니다. 그런

그림 1-8 ▸ 보댕의 양팔 저울

데 화폐가 있는 저울에 신대륙에서 유입된 은화를 더 올려놓으면 다른 한쪽은 위로 올라갈 수밖에 없다는 것, 즉 물가가 상승한다는 것입니다. 이런 원리로 보댕은 신대륙에서 은이 물밀듯이 몰려오는 한, 유럽에서 발생하는 인플레이션의 책임을 국왕에게 돌릴 수 없다고 주장했습니다.

인플레이션을 부추긴 스페인 왕실의 부정

인플레이션이 심했던 16세기 말, 스페인의 최고 전성기 때 황제였던 펠리페 3세는 중남미에서 엄청난 금과 은을 들여왔음에도 왕실의 방만한 지출로 민간 금융업자들에게 많은 빚을 지고 있었습니다. 심지어는 국가의 수입 4년 치가 이미 저당 잡혀 있기도 했습니다. 이에 펠리페 3세는 은화를 주조할 때 은을 아예 빼버리고, 빼돌린 은으로 부채를 갚거나 자신이 챙기는 무리한 정책을 추진했습니다. 구화를 가지고 있던 사람들에게 순도가 낮은 새 은화로 교환하도록 강제하기도 했습니다.

그림 1-9 ▶ 스페인의 인플레이션 심화 원인

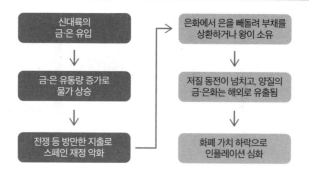

그런데 동전의 액면 가치가 동전에 들어간 재료와 주조 비용보다 높았기 때문에 해외에서 동진을 주조해서 스페인으로 보내고, 양질의 금화와 은화가 해외로 반출되는 상황이 발생하게 됩니다. 이후 스페인에는 저질 구리 동전이 넘쳐나는 반면, 양질의 금화와 은화는 계속 해외로 유출되는 악순환이 반복됐습니다. 해외로 유출되지 않은 금화와 은화는 가치가 계속 상승했기에 다들 꼭꼭 숨겨놓아 시중에서는 보이지 않게 됐습니다. 이렇듯 은화의 순도 악화로 인한 화폐의 가치 하락은 가뜩이나 부담되는 인플레이션을 더욱 부채질했습니다.

금속 화폐의 질적 저하에서 해방되다

다양한 방식으로 자행된 주화의 가치 저하

화폐경제가 시작된 이후로 많은 사람이 위조를 하거나 함량을 줄이는 방식으로 주화의 가치를 속이려고 했습니다. 이처럼 주화의 물리적인 가치를 낮추는 것을 '동전의 질적 저하debasement of coinage'라고 합니다. 실물 화폐는 그 자체로 금이나 은 같은 귀금속 덩어리라는 점에서 가치를 갖는데, 금·은화의 귀금속 함량을 낮추는, 즉 양화성fineness을 떨어뜨리고 악화를 발행하는 것을 말합니다. 이렇게 악화가 많이 발행되면, 곧 화폐량이 늘면서 물가가 상승하게 됩니다.

이렇게 순도를 줄이는 방식 외에도 주화 표면이 훼손되는 여러 가지 방식이 있습니다. 첫 번째는 오랜 기간 잦은 사용으로 주화가 닳아서 마모되는 것wear입니다. 두 번째는 부식되는 것corrosion이고, 세 번째는 의도적으로 자르는 것cut입니다. 네 번째는 주화를 깎아내는 방법clipping입니다. 오늘날 우리나라의 100원짜리와 500원짜리 동전을 보면 둘레가 톱니바퀴처럼 까끌까끌하죠. 이는 클리핑(깎아내기)을 방지하기 위해서 아이작 뉴턴Isaac Newton이 1659년에 개발했습니다. 그 외에 주화를

그림 1-10 ▶ 주화 가치의 훼손이 일어나는 방식

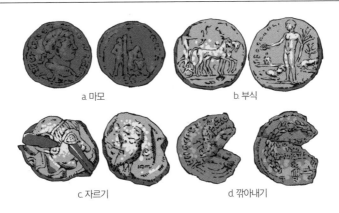

a. 마모   b. 부식

c. 자르기   d. 깎아내기

가죽 부대에 넣고 마구 비벼대어 금화나 은화 가루를 얻어내는 방법 sweating도 있었고, 값싼 금속으로 위조 주화를 만들기도 했습니다.

이와 비슷한 일은 현재도 일어납니다. 예컨대 영국에서 유통되는 1파운드 주화 15억 개 중에서 2.8%인 4,100만 개가 위조된 것으로 알려졌습니다. 멕시코의 10페소짜리 주화에도 은과 구리가 섞여 있는데, 중간에 있는 은만 빼내고 다른 금속을 채워 넣어 유통되는 경우도 있다고 합니다. 이런 방식으로 주화의 가치를 속여서 이익을 얻고자 하는 시도는 역사적으로 계속되어왔습니다.

악화가 양화를 구축한다: 그레셤의 법칙

이렇게 주화의 가치를 속이려고 한 사람 중에는 일반 국민도 있지만, 제일 심한 것은 군주 또는 영주들이었습니다. 대표적으로 재정위기에 빠진 로마의 황제들, 종교개혁 이후 교황청의 힘이 약해지면서 상대적으로 힘이 커진 유럽 군주들이 흥청망청 돈을 썼는데요. 이를 메우는 방법으로 그들은 동전의 질적 저하를 시도했습니다.

백년전쟁을 거치면서 재정적자에 허덕였던 프랑스 국왕은 수차례 동전의 순도를 약화시켜 그 가치가 35분의 1로 줄기도 했습니다. 가장 악명 높은 국왕은 영국의 헨리 8세였습니다. 그는 물려받은 엄청난 유산을 다 쓰고도 모자라 여러 차례 동전의 은 함량을 속임으로써 자금을 조달했습니다. 그래서 그의 재정 고문이었던 토머스 그레셤Thomas Gresham이 엘리자베스 1세가 즉위했을 때 "악화가 양화를 구축한다Bad money drives out good money"라고 말하면서 헨리 8세가 남긴 주화(악화)를 거둬서 새로운 돈(양화)을 만들 것을 당부했다고 합니다.

새로운 화폐 정책 추진으로 질적 저하의 악순환을 끝낸 영국

이 충고를 받아들인 엘리자베스 1세가 마침내 악화를 거둬들이고 새로운 돈을 만들면서 영국은 화폐개혁의 시동을 걸기 시작합니다. 물론 엘리자베스 1세의 시도가 성공을 거두진 못했지만, 1688년 명예혁명이 일어나고 오렌지공 윌리엄과 메리 부부 왕이 악화를 몰아내기로 결심하면서 영국이 탄탄한 금융 시스템을 만드는 계기가 됐습니다. 1690년 '은화 40개를 고의로 깎았다'는 혐의로 토머스 로저스^{Thomas Rogers} 와 그 딸을 끔찍한 방식으로 처형한 것은 동전의 질적 저하를 근절하고 악화를 추방하고자 하는 영국 정부의 확고한 의지를 보여준 것이라

그림 1-11 > 영국 헨리 8세와 엘리자베스 1세의 초상

고 볼 수 있습니다.

이후 영국은 1694년 전쟁 자금 조달을 위해 영란은행^{Bank of England}을 만들면서 정부의 은행 겸 발권 기관의 역할을 맡도록 했습니다. 또한 1696년 아이작 뉴턴을 왕립조폐국장으로 임명하여 위조하기 어려운 새 주화를 발행하게 한 것도 이러한 화폐 정책 추진의 일환이었습니다. 이로써 영국은 유럽 국가 중에서 첫 번째로 질적 저하의 악순환에서 해방된 국가가 됐습니다.

속성 02

역사적으로 인플레이션을 불러온 근원적인 문제는 부실한 재정이었다

인플레이션을 불러온 가장 근본적인 원인은 만성적인 재정 악화입니다. 부채 부담이 높아진 정부가 세금을 올리거나 지출을 줄여서 재정적자를 줄일 능력과 의지가 약하기 때문입니다. 이런 정부는 채무 상환에 대한 신용도도 높지 않기 때문에 금융기관의 차입을 통해 재정적자를 메우기도 어렵습니다. 과도한 채무에 시달리는 상황에서 과거와 같이 다른 국가를 침략해서 영토와 보상금을 받아내기도 쉽지 않다면, 정부는 인플레이션을 이용해 채무를 회피하려는 유혹을 받게 됩니다.

재정위기를 극복하기 위해서 지폐 발행을 늘린 정부는 처음에는 어느 정도 경제가 활성화되면서 잘되고 있다는 평가를 받습니다. 그러나 통화량이 늘어나면서 화폐의 가치가 하락하고 있다는 것을 사람들이 인식할 때 인플레이션이 발생합니다. 예컨대 금속 화폐 시대라면 악화의 유통량이 증가하는 그레셤의 법칙이 적용될 것입니다. 이후 인플레이션을 막기 위해 정부가 가격을 동결한다면 환율 가치 급락을 예상하면서 불안정한 통화 체제에서 도망가려는 자본 유출이 심화될 것입니다. 결국 화폐개혁을 통해 인플레이션을 통제하는 고통스러운 경제개혁으로 상황을 안정화하게 됩니다. 지난 수백 년 동안 이러한 일들이 자주 반복되곤 했습니다.

종이 화폐 시대 인플레이션:
통화량 확대와 국가(신뢰) 붕괴

12세기 중국,
최초의 종이 화폐와 인플레이션

송나라의 종이 화폐, 회자와 인플레이션

최초의 종이 화폐는 12세기 중국에서 시작됐습니다. 송나라 때 최초의 종이 화폐인 회자會子가 유통됐는데, 초반에는 엄격하게 관리하면서 수백 년 동안 경제 발전에 큰 기여를 했습니다. 그렇지만 후반으로 갈수록 화폐의 가치를 유지하겠다는 정부의 의지가 약화됐고 지폐에 신뢰를 제공했던 국가가 패망하면서 지폐의 가치가 급락하는 상황이 반복됐습니다. 이에 명나라 때 다시 은화를 화폐로 사용하는 체제로 돌아가게 됩니다.

송나라 역시 처음에는 금속 화폐를 장려했습니다. 송나라에서는 경제 성장을 위해서 화폐의 유통이 활발해야 한다는 사실을 일찌감치 파악했습니다. 또한 상업이 발달하면서 화폐 수요가 엄청나게 증가했습니다. 북방의 여러 나라와 전쟁을 치러야 했던 송나라는 통화 공급 확대를 비롯하여 일련의 부국강병책을 시행하면서 재정이 매우 탄탄했다고 합니다. 그러나 결국 금나라와의 전쟁에서 패해 남쪽(남송)으로 쫓겨나게 됐고, 주요한 구리 광산도 함께 잃어버리면서 화폐를 만들 금속이 부족해지는 문제를 겪어야 했습니다.

이런 상황에서 남송 정부는 종이 화폐(회자)로 금속 화폐를 보완하고 대체했습니다. 특히 북방 민족들과의 전쟁이 계속되면서 구리 등 대부분의 금속이 전쟁 물자에 사용됐기 때문에 남송 정부로서는 금속 화폐를 종이 화폐로 대체할 수밖에 없었습니다. 또한 위조가 어려울 정도의 정교한 지폐 인쇄술이 발달한 것도 중요한 배경으로 작용했습니다. 남송 정부는 초기에 세금을 지폐로 받으면서 국가의 권위로 지폐의 신뢰도를 높였고, 유통량을 엄격히 제한하여 지폐의 가치를 유지하기 위해 매우 신중한 노력을 기울였습니다.

그러나 오래되지 않아 여진족과 몽골족 등 북방 민족들과의 전쟁이 계속되면서 군사비 부담이 급증했고, 지폐 발행량이 크게 늘어나면서 회자의 가치는 급락했습니다. 리처드 폰 글란Richard von Glahn 의 『폰 글란의 중국경제사』에 따르면 13세기 초반 전쟁 자금을 조달하기 위해 기존 유통량의 4배에 달하는 회자를 발행하면서 화폐 가치가 곧바로 액면가의 60%로 하락했고, 1240년에는 바닥을 쳐서 75%가량 급락했습니다.

원나라의 종이 화폐, 교초와 인플레이션

송나라의 회자는 원나라에서 유사한 형태의 지폐로 다시 태어났습니다. 중원을 통일한 원나라에서는 요나라 출신 재상인 야율초재耶律楚材가 송나라의 회자를 모방한 '교초交鈔'라는 지폐를 도입했습니다.

원나라는 남송을 병합하는 과정에서 남송의 회자와 교환하는 형태로 중통교초中統交鈔를 발행했습니다. 남북으로 분열되어 있던 중국의 지폐가 중통교초에 의해 통일된 것입니다. 원나라는 교초의 발행과 함께 민간에서 금, 은의 사용을 금지했고 동전 사용도 금지했습니다. 일찍이 지폐만을 전적으로 사용하는 화폐 정책이 시작된 것입니다. 이미 남송 시대 국민들은 지폐에 익숙해져 있었기 때문에 새로 발행된 지폐를 수월하게 받아들일 수 있었다고 합니다.

그림 1-12 ▶ 원나라의 교초

원나라가 중통교초를 발행할 초기에는 발행 규모가 크지 않아 지폐 가치가 높았으며, 물가도 안정적이었다고 합니다. 그러나 남송 병합을 전후하여 대규모 지폐를 발행했고 금, 은과의 태환도 정지했기 때문에 교초의 가치가 하락하고 물가도 상승하기 시작했습니다. 이후 원나라 정부는 1263년 은으로 납부하던 세금을 교초로 납부하도록 지정하고 화폐의 평가절하 등 여러 조치를 취했습니다. 하지만 지폐 가치의 하락과 인플레이션의 문제는 해결되지 못했습니다. 오카모토 다카시岡本隆司의 『중국경제사』에 따르면, 원나라 당시 물가 상승률은 평균 4% 수준이었다고 합니다.

남송 정부와 달리, 원나라의 권력층은 지폐의 가치를 유지하려는 의지가 다소 약했던 것 같습니다. 민간에서는 금·은의 거래를 금지했지만, 권력층은 서역과의 교역에 필요한 은괴를 선호했다고 합니다. 13세기 후반 원나라 정부는 교초의 발행량을 지속적으로 늘리면서 심각한 화폐 가치 하락과 재정 결손을 초래했습니다. 이에 화폐의 평가 절하를 단행하고 공급량 확대에 제한을 가하면서 교초 가치의 안정성을 모색하기도 했습니다. 그러면서 1340년대까지는 화폐 가치와 물가가 안정을 유지했습니다. 그러나 1345년경 새로운 전염병이 돌면서 인구가 절반으로 줄었고, 세금 수입이 감소하면서 정부 재정이 급격히 악화됐습니다. 또한 몽골에 저항하는 정치적 혼란이 이어지면서 군사비 지출이 커진 원나라 정부는 더 많은 교초를 발행했고, 이것이 인플레이션을 부추겼습니다.

종이 화폐의 실패로 귀금속 선호도가 높아진 중국

이처럼 송나라 회자와 원나라 교초의 가치가 말기에 급격히 하락하고, 결국 나라가 멸망하자 아예 쓰레기가 된 것을 보면서 중국인들은 종이 화폐를 신뢰할 수 없게 됐습니다. 이후 명나라 때 다시 지폐가 사용됐지만 또다시 가치가 급락하면서 큰 혼란이 반복되는 것을 본 청나라는 지폐 발행에 신중한 태도를 취하게 됩니다. 청나라는 다시 은본위제 화폐로 돌아가게 됐고, 이때부터 중국인들은 금과 은 같은 귀금속을 선호하게 됐다고 합니다.

존 로의 미시시피 버블과
인플레이션

___

재정이 악화된 프랑스의 금융혁신에 대한 갈망

앞서 말했듯이, 영국은 명예혁명 이후 중앙은행이 불량 화폐를 수거하고 뉴턴이 왕립조폐국에서 위조하기 어려운 새 화폐를 발행하면서 화폐 가치 하락 문제의 악순환에서 해방됐습니다. 이렇게 영국은 강력한 화폐 제도 개혁을 통해 근대식 금융 시장을 만들어가고 있었지만, 인근 국가 프랑스에서는 근대적 금융 시스템을 제대로 이해할 수 있는 사람이 거의 없었습니다.

당시 프랑스 왕실은 계속되는 전쟁으로 막대한 부채에 허덕이고 있었습니다. 게다가 특권 계급은 세금을 전혀 내지 않는 반면, 근로 대중의 세 부담만 가중돼왔기에 더 이상의 증세는 무리였습니다. 특히 1679년 프랑스 상공업에서 핵심적인 기능을 수행하던 위그노Huguenot(프랑스의 프로테스탄트)에 대해 차별적으로 세금을 부과한 데 이어, 1685년에는 종교의 자유를 부여한 이른바 '낭트칙령'을 폐지하면서 상당수의 위그노가 프랑스를 떠나 경제의 활력이 크게 떨어져 있었습니다.

이런 상황에서 프랑스는 영국의 영란은행처럼 정부에 돈을 빌려주는 중앙은행을 설립하고 종이 화폐 발행을 통해 경제를 활성화하려는 시도를 하게 됩니다. 루이 15세의 섭정인 오를레앙 공 필리프 2세는 스코틀랜드 출신 존 로John Law의 제안에 따라 왕립은행Banque Royale을 설립하여 종이 화폐를 발행하는 일을 추진하게 됩니다.

사실상 법정화폐가 된 뱅크제너럴의 은행권

오를레앙 공의 재정 고문으로서 존 로는 기존의 징세 도급인과 왕실 재정 담당자의 역할을 자기가 세우는 은행 뱅크제너럴^{Bank General}에 맡겨 달라고 제안합니다. 그리고 모든 세금을 이 은행이 발행하는 은행권으로 납부하게 해달라고 합니다. 세금 징수 행정의 선진화를 이루고 세금을 뱅크제너럴의 은행권으로 납부하게 하면, 이렇게 조달한 자금으로 왕실에 저리로 대출해줄 수 있기 때문에 왕실의 재정난이 해결될 것으로 생각한 것입니다.

존 로는 뱅크제너럴의 자본금 600만 리브르 중 자신과 왕실이 4분의 1씩 납부하고, 나머지는 공개모집을 통해 일반 투자자들에게 조달했습니다. 이것이 프랑스 최초로 이뤄진 주식 공모이자 최초의 유한회사입니다. 일반인은 현금 대신 프랑스 국채로 납입할 수 있게 했는데, 오늘날의 전환사채와 같은 방식으로 볼 수 있습니다. 또한 주주들에게 프랑스 국채 이자 4%에 비해 월등히 높은 7.5%의 배당 수익률을 약속했기에 회사 주가가 급등했습니다.

이 은행의 문제는 고객이 요구하면 은행권을 은화로 교환해주어야 할 의무가 있다는 것입니다. 그러나 한꺼번에 몰리지만 않으면, 즉 뱅크런^{bank run}(대량인출)이 발생하지만 않으면 유동성 문제가 크지 않다는 것을 스코틀랜드 금 세공업자의 아들이었던 존 로는 이미 잘 알고 있었습니다. 또한 은행이 설립된 지 6개월 뒤 모든 세금은 이 은행권으로만 납부하라는 국왕의 칙령이 내려지면서 뱅크제너럴의 은행권은 사실상의 법정화폐^{fiat money}가 됐습니다. 뱅크제너럴은 은행권 발행을

그림 1-13 ▶ 뱅크제너럴이 왕립은행으로 국유화

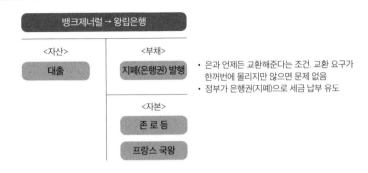

통한 시뇨리지 이외에 어음할인과 환전 등을 통해 상당한 이익을 거두 었습니다.

그러자 욕심이 생긴 프랑스 왕실은 1718년 12월 일반 주주들의 주 식을 액면가로 사들이면서 이 은행을 왕립은행으로 국유화했습니다. 왕립은행이 세금으로 내는 화폐의 발행을 독점하면서 프랑스 왕실은 공식적으로 조폐권을 차지하게 됐습니다.

미시시피회사의 등장

여기에서 그쳤다면 존 로는 프랑스의 중앙은행을 설립한 사람으로 대 대로 존경받았을 겁니다. 하지만 그는 사업 규모를 더욱 키웠습니다. 그가 생각한 것은 독점적인 무역회사의 속성과 영란은행처럼 지폐를 발행하는 공공 은행의 성격을 결합한 비즈니스였습니다. 프랑스 화폐 를 발행하는 중앙은행과 국왕이 소유한 신대륙 영토에 대한 청구권을 기초자산으로 하는 무역회사를 한데 묶어서 경제와 금융이 연결되는 근대적인 경제 시스템을 만들어보겠다는 것이었습니다. 네덜란드의 암스테르담은행과 동인도회사를 결합하거나, 영국의 영란은행과 동인도회사를 결합한 시스템을 프랑스에서 펼쳐보겠다는 거죠. 그는 금융과 무역 제도를 결합함으로써 프랑스식 절대왕정이 더욱 강력한 영향력을 발휘할 것으로 생각했습니다.

그가 새로운 회사의 주요 사업으로 생각한 것은 북아메리카 중부에 있는 아칸소 지역을 개발하는 것이었습니다. 미시시피강 유역인 루이지애나 지역은 프랑스가 개척했지만 아무 용도가 없어서 놀려둔 땅이었습니다. 존 로는 미시시피회사Mississippi Company, 다른 말로 서인도회사West India Company를 만들어서 왕실을 대신해 이 지역을 개발하기로 했습니다. 이 회사의 자본금도 지난번처럼 국채로 모집했기 때문에 회사가 잘못되더라도 왕실로서는 손해 볼 것이 거의 없었습니다. 게다가 불모지가 개척되면 세금이 더 걷히기 때문에 이익이 더욱 늘어날 것으로 판단했습니다. 이런 이유로 왕실은 존 로의 계획을 지원했습니다.

존 로는 왕실이 이 회사에 25년간 개발 독점권을 양도하도록 했고, 북미의 담배 농장 수입 및 프랑스의 모든 식민지 자원을 개발할 수 있는 독점권을 확보했습니다. 또한 정부가 이 회사에 특권을 부여하게 함으로써 주가를 더욱 끌어올렸고, 이를 통해 새로운 주식을 발행하여 경쟁 기업을 인수합병하면서 덩치를 키웠습니다.

프랑스 정부는 미시시피회사가 정부의 채무를 떠안는 조건으로 이 회사에 식민지 개발권과 담배 수입권 등 세금 수입을 얻을 수 있는 권

그림 1-14 ➤ 미시시피회사의 탄생

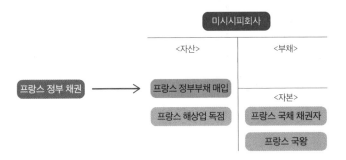

그림 1-15 ➤ 18세기 프랑스령 북아메리카 지역

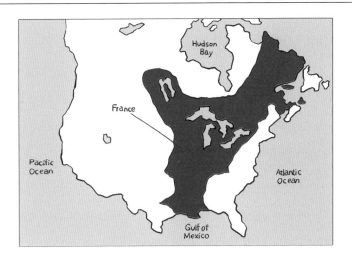

리를 팔았고, 국민은 정부로부터 받아야 할 채권을 정부 수입의 상당 부분을 확보한 회사의 주식으로 맞바꿨습니다. 그리고 로의 뱅크제너 럴에서 발행한 지폐로 주식을 매수했고 세금을 납부했습니다.

왕립은행과 미시시피회사의 합병, 주가 급등과 함께 버블로 치닫다

1719년 존 로가 재무장관으로 임명되면서 왕립은행과 미시시피회사가 합병돼 전례 없는 권한을 보유한 엄청난 회사가 만들어집니다. 한마디로 식민지 개발 권한을 가지고 있는 프랑스 최고의 무역회사, 조세 징수 대리업, 화폐 발권력을 가진 중앙은행이 하나로 합쳐진 괴물 주식회사였습니다. 현대식으로 말하자면 프랑스 최대 그룹과 중앙은행, 재무부를 존 로 혼자서 운영하는 것이나 마찬가지였습니다. 미시시피회사는 1719년 8월 15억 리브르에 달하는 프랑스 정부의 부채를 모두 인수했고, 왕립은행을 통해 대규모 은행권을 발행하여 자사의 주식을 사려는 사람들에게 무더기로 대출했습니다.

이전에는 개인들이 국채를 매입하고 국가에 세금을 냈는데, 이제는 개인들이 미시시피회사에 투자하고 이 회사가 국가 대신 재정 사업을 실시하며 국가는 그 반대급부로 조세 수입을 이 회사에 양도하는 구조가 되어버렸습니다. 또한 이 회사가 독점하는 사업 지역은 미시시피 유역뿐 아니라 세네갈, 중국, 중앙아메리카 등으로 확대됐고 아프리카 기니의 노예무역권도 포함됐습니다. 프랑스 왕실이 이 회사에 담보물로 제공하는 것도 식민지 담배 농장 수입에서 모든 조세 수입의 55%까지로 확대됐습니다. 한마디로 미래가 창창한 미시시피회사가 중앙은행이니, 중앙은행이 발행한 지폐는 금과 다름없는 가치를 지닌다고 주장한 셈입니다. 이런 복잡한 금융 구조는 현대 구조화 채권의 효시로 알려졌습니다.

왕실이 가진 모든 해외 사업권을 독점하며 조세 수입으로 배당이 보장되는 회사에 저리로 대출까지 받아 투자할 수 있으니 이를 마다할 사람은 없었습니다. 프랑스 사람들은 스페인이 차지한 남미나 영국이 차지한 인도처럼 아칸소가 조만간 프랑스에 엄청난 부를 가져다줄 것으로 기대하면서 이 회사 주식을 사기 위해 몰려들었습니다. 주가가 급등하면서 사람들은 왕립은행에서 대출받은 돈을 들고 이 회사의 본사가 있는 파리 켕캉프와 거리로 몰려들었습니다.

게다가 추가로 증자를 하면서 기존에 네 번 증자한 주식을 전부 보유해야만 증자에 참여할 수 있게 해 주가를 끌어올렸습니다. 여기에 필요한 자금은 왕립은행에서 끊임없이 2%로 대출을 해주었기 때문에 주가는 계속 오를 수밖에 없었습니다.

프랑스 정부는 화폐를 찍어내 정부가 지고 있던 부채를 모두 갚았고, 1719년 여름 3,000리브르였던 미시시피 주식 가격이 1720년 초 무려 1만

그림 1-16 ▶ 주가 급등에 미시시피회사 주식을 사려고 몰려드는 프랑스 시민들

그림 1-17 ▶ 통합 미시시피회사와 개인들 간의 거래

리브르까지 상승하면서 '백만장자'라는 말이 생겨나기도 했습니다.

파산, 그리고 인플레이션

1720년 1월 주가가 드디어 1만 리브르를 돌파했는데, 때마침 배를 타고 북미 식민지를 직접 다녀온 사람들이 말라리아, 잔혹한 원주민, 뜨거운 태양, 모래땅에 대한 이야기를 털어놓으면서 환상이 깨졌습니다. 투자자들이 주식을 매도하기 시작했고, 주가는 급전직하로 곤두박질쳤습니다. 미시시피회사의 주가를 지키기 위해 왕립은행이 화폐를 더 발행하여 주식을 매입할 수 있는 자금을 제공했지만, 물가가 폭등하면서 인플레이션이 발생했습니다. 1719년 말부터 약 1년 동안 화폐량이 2배 이상 늘어나 1720년 말 파리 물가는 2년 전 대비 2배 이상 급증했습니다.

자연스럽게 은행권의 가치 하락을 예상한 사람들이 왕립은행으로 몰려들어 은행권을 은화로 다시 바꿔달라고 요구했습니다. 그러나 존 로와 정부는 은행권의 태환을 금지하고, 금과 은의 수출을 금지

하며, 금속 주화를 500리브르 이상 소지하지 못하게 하는 법령을 발표하는 것으로 대응했습니다[이후 1930년대 대공황 때 프랭클린 루스벨트(Franklin Roosevelt) 정부가 금 태환을 정지하고 금을 소유하지 못하게 했는데, 그와 같은 금융 억압의 원조라고 볼 수 있습니다].

또한 은행권은 가치가 고정된 화폐이며 화폐 공급은 120만 리브르를 상한으로 한다고 발표하면서, 은화보다 은행권을 선호하도록 강제하려고 노력했습니다. 그러나 사람들은 이러한 조치에 당황스러워했고 정부가 임의로 경제 규칙을 바꾼다고 생각하게 돼 정부를 더욱 신뢰하지 못하는 계기가 됐습니다.

정부는 미시시피회사 주가가 계속해서 하락하자 하한가 제한이라는 개념을 도입하기도 하고, 이를 매수하는 부서를 설치하면서 주가 하락을 방어하려 했습니다. 계속되는 주가 하락으로 현금화 수요가 급증하고, 중앙은행의 금고가 바닥을 드러내자 화폐를 무한정 발행했습

그림 1-18 ▶ 급등락한 미시시피회사 주가

니다. 하지만 그로 인해 인플레이션율이 급등하고 자금 유출이 우려되자 1720년 5월 존 로는 급격한 통화량 긴축을 단행합니다. 미시시피회사 주식 가격을 한 달 동안 50% 낮추고 은행권의 가치를 절반으로 낮추는 '급격한 평가절하'를 실시한 것입니다. 바로 이어 경제 공황이 닥쳤고 흥분한 대중의 외침 속에 체제에 대한 불신은 커져만 갔습니다. 계급과 지위를 막론하고 프랑스 국민 모두가 엄청난 손해를 보게 된 것입니다.

결국 미시시피회사 주식이 휴짓조각이 되자 미시시피회사와 왕립은행은 모두 파산했고, 프랑스는 금속 화폐 시대로 되돌아가게 됐습니다. 물론 프랑스 국왕은 미리 미시시피회사 주식을 처분하는 한편, 인플레이션을 자극해 실질적인 부채 부담을 덜었습니다. 하지만 프랑스

그림 1-19 > 미시시피회사의 몰락

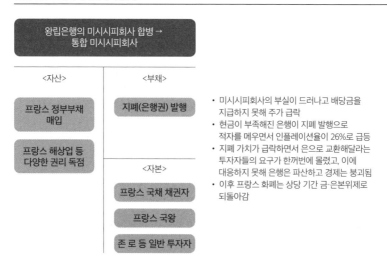

국민은 큰 손실을 봤을 뿐 아니라 국가가 주도하는 은행과 지폐에 강한 불신을 가지게 됐습니다.

존 로는 사기꾼인가, 근대 금융혁신의 아이콘인가

미시시피 버블 이후 프랑스 사람들은 종이 화폐와 근대식 금융 시스템에 대한 모든 것을 부정하게 됐습니다. 프랑스 대혁명 이전인 1788년 루이 16세가 재정난 타파를 위해 이자를 지급하는 지폐를 발행하려고 했지만, 미시시피 버블을 경험한 시민들이 지폐를 거부해 화폐개혁은 실패로 돌아갔습니다. 이후 경제가 더욱 어려워져 프랑스 대혁명으로 연결될 수밖에 없었습니다.

그 반감이 얼마나 컸던지 상당 기간 프랑스에서는 '은행bank'이라는 말도 허용되지 않았습니다. 오늘날 프랑스계 은행들이 은행이라는 표현보다 금고caisse, 신용credit 같은 말을 쓰는 것은 당시의 트라우마 때문이라고 합니다. 다른 유럽 국가에 비해 프랑스에서 정부가 은행에 관여하는 관행이 유독 강한 것도 그 후유증이라고 볼 수 있습니다. 프랑스의 중앙은행은 정부로부터 독립적이지 못했고, 1990년대 유럽중앙은행 설립과 함께 독립권이 확보된 것으로 알려져 있습니다. 또한 프랑스에서는 전통적으로 금융인에 대한 신뢰도가 매우 낮은데, 이 역시 당시 사건이 가져온 후유증으로 알려져 있습니다.

존 로의 지폐 도입을 통한 실험은 프랑스에 엄청난 충격을 주었습니다. 그런데 만일 그가 뱅크제너럴에서 왕립은행으로 격상되는 정도까지만 했다면 어땠을까요? 아니면 미시시피회사가 북미 루이지애나의 개발과 식민지 무역에만 집중하게 하고 왕립은행에 합병하지 않았다면 어땠을까요? 자본금을 확보하고자 높은 수익이나 높은 배당률을 무리하게 약속하지 않고 천천히 진행했다면 어땠을까요? 그러나 존 로의 생각은 이후 근대식 금융 시스템의 발전에 많은 영감을 주었습니다.

존 블런트의 남해회사 버블과 인플레이션

블런트의 남해 계획

비슷한 시기에 발생한 영국 남해회사^{South Sea Company} 버블은 프랑스의 미시시피 버블과 유사한 모습을 보였습니다. 그러나 미시시피 버블보다 상대적으로 작은 규모였고 충격도 상대적으로 작았습니다. 영국판 존로라고 할 수 있는 존 블런트^{John Blunt}의 남해회사 계획은 스페인 계승 전쟁으로 늘어난 정부부채를 남미와의 독점 무역을 허가받은 회사 주식으로 전환하는 것이었습니다. 최초의 전환사채였던 셈이죠. 연금과 그 외 채무증서의 전환 가격에 합의한 남해회사 이사진은 기존의 정부 연금 보유자들이 남해회사 주식을 높은 시장 가격에 사들이면 나머지 주식을 일반인들에게 추가로 팔아 엄청난 이윤을 남길 수 있었습니다. 주식회사의 붐이 일어났던 18세기 초반에는 파리의 존 로와 유사한 방식으로 단기적인 성공을 거두는 사례들이 있었습니다.

남해회사는 일반인들을 상대로 네 번에 걸쳐 유상증자를 했습니

그림 1-20 ➤ 존 블런트의 남해 계획(1711)

900만 파운드 국채 인수
+
남해 무역 독점권

win-win

오랜 전쟁으로 인한
900만 파운드 국채 해결

재무부 장관
로버트 할리

존 블런트

그림 1-21 ➤ 남해회사 주식을 사기 위해 몰려든 영국 사람들

다. 주가는 1720년 4월 주당 300파운드에서 6월 1,000파운드까지 상
승했고, 투자를 위한 자금 모집을 위해 할부를 통한 매입도 허용됐습
니다. 남해회사의 주가는 급등했고, 많은 자금이 들어오면서 배당도
후하게 지급됐습니다. 투자자들은 이 새로운 금융 투자 방식에 열광
했습니다.

남해회사의 몰락

그렇지만 프랑스 왕립은행을 손에 넣은 존 로와 달리 존 블런트는 자금을 확보하기 위해 영란은행과 경쟁해야 했습니다. 또 이들은 의회에서 휘그당을 비롯한 반대 세력과도 맞서야 했습니다. 결정적으로 남해회사는 프랑스의 미시시피회사처럼 금융 시장에서 독점적인 위치를 차지할 수도 없었습니다. 1720년에는 자금을 확보하려는 새로운 경쟁 회사들이 190개나 늘어나면서, 남해회사는 새로운 주식회사 설립을 제한하는 버블법Bubble Act을 통과시키도록 의회에 로비를 하기도 했습니다.

남해회사의 세 번째 주식 공모로 유동성이 고갈된 상태에서도 이사진은 유동성을 추가로 주입할 수 없었습니다. 게다가 거래 은행인 스워드 블레이드사Swaord Blade Company가 파산하면서 위기에 직면했습니다. 이에 따라 몇 달의 주가 급등기를 거친 후 바로 패닉 상황에 빠져들게

그림 1-22 ▶ 남해회사

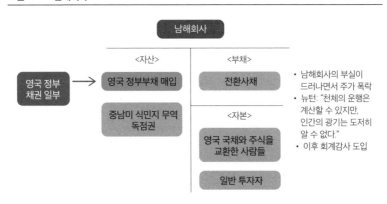

88
인플레이션 이야기

됩니다.

　그렇지만 남해회사 버블 붕괴의 여파는 프랑스만큼 크지 않았습니다. 존 로가 왕립은행을 통해 법정통화를 남발했던 프랑스와 달리, 남해회사는 영란은행에 영향력을 행사하지 못했기 때문입니다. 액면가와 최고가의 격차가 미시시피회사 주식은 19.6배였지만 남해회사 주식은 9.5배에 그쳤습니다.

그림 1-23 ▷ 1720년 남해회사 주가 추이

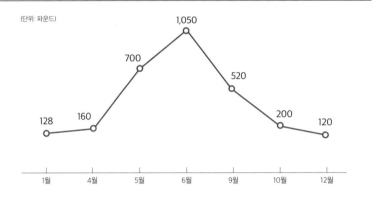

그림 1-24 ▷ 역사상 최고의 버블

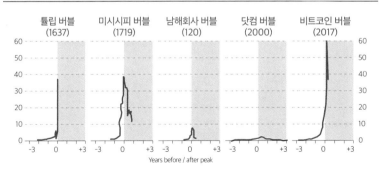

출처: Economist

버블 붕괴 이후 영국의 금융 시장은 버블법 제정으로 이후 주식회사 설립을 제약했다는 점 외에 큰 피해는 없었습니다. 물론 인플레이션도 그리 심하지 않았습니다. 영란은행과 동인도회사의 주식은 여전히 견조했고, 남해회사도 정리 후 존속할 수 있었습니다. 해외 투자자들도 영국 금융 시장에서 탈출하지 않았고 영국의 채권과 주식을 여전히 보유했습니다.

정치적 충격과 인플레이션

미국 독립전쟁 당시 대륙지폐

1776년 미국 독립전쟁 당시, 각 주의 의회는 세금을 징수할 능력이 없었기 때문에 전쟁 자금 마련을 위해 '대륙지폐Continental Currency'를 대규모로 발행했습니다. 미국 독립전쟁에 대한 지지를 나타내는 것이었기에

그림 1-25 ▶ 미국 독립전쟁 당시 각 주에서 발행한 대륙지폐

초반에는 인기가 좋았습니다. 그러나 굉장히 많이 발행했는데, 이를 지원할 수 있는 금과 은이 없었기 때문에 사람들의 불안감이 높아지기 시작했습니다. 1778년에 들어서자 대륙지폐를 아무도 받으려고 하지 않아 휴지나 다름이 없게 됐습니다. 이렇게 지폐 가치가 급락하면서 100%에 달하는 인플레이션이 발생했고, 이를 안정시키기 위해 독립 이후 초대 재무부 장관인 알렉산더 해밀턴^{Alexander Hamilton}은 긴축재정을 추진했습니다.

미국은 연방정부가 만들어지고 난 후에도 한동안 지폐 발행을 주저했습니다. 금화나 은화 같은 주화만 발행했고, 지폐는 각 주정부가 승인한 민간 은행에서만 발행했습니다. 미국 연방정부는 1861년 남북전쟁의 발발로 전쟁 비용을 마련할 필요가 대두하자, 그제야 다시 지폐를 발행했습니다.

프랑스 대혁명 이후 아시냐 화폐

프랑스 대혁명으로 삼부회를 대신해서 들어선 국민회의는 교회 및 귀족의 토지 자산을 몰수하여 그것으로 화폐를 발행하기로 했습니다. 이렇게 국가가 몰수한 토지를 담보로 1789년 12월 5% 이자의 공채를 발행했는데, 이것이 유명한 아시냐^{Assignat} 지폐입니다. 처음에는 채권이었으나, 나중에 이자를 받지 않는 지폐로 쓰이게 됐습니다. 보통 돈은 태환지폐라고 해서 금과 바꿀 수 있는 증서 같은 것이었는데, 약간 개념을 바꿔서 토지와 바꿀 수 있는 증서를 발행한 것입니다.

아시냐라는 명칭 자체가 정부가 강제로 지정했다는^{assigned} 것을 의미

그림 1-26 ▶ 프랑스 국민회의가 발행한 아시냐 지폐

하므로, 태생부터가 자연스러운 돈은 아니었습니다. 특히 이미 경제가 파탄 난 상태에서 돈이 필요했던 국민회의가 1790년부터 몰수된 토지의 총가치를 훨씬 넘어서는 아시냐 지폐를 찍어내기 시작했고, 이것이 엄청난 인플레이션으로 연결됐습니다.

게다가 정부가 인플레이션을 억제한다고 가격을 통제하면서 생필품이 시장에서 싹 사라지는 악순환이 반복됐고, 이는 결국 수차례의 폭동으로 이어졌습니다. 아시냐 지폐는 가뜩이나 혁명으로 어수선한 프랑스 사회를 경제적으로 다시 한번 뒤흔들어놓고 7년 만에 사라졌는데요. 이때 최종 평가 금액이 액면가의 3.33%(이에 해당하는 토지와 교환 가능)였다고 합니다.

프랑스에서는 이미 1720년대에 미시시피 버블 사건으로 지폐는 종이 쪼가리일 뿐 결코 돈이 아니라는 불신이 팽배해 있었는데, 아시냐 지폐 사건은 프랑스에서 지폐를 완전히 퇴출시키는 데 큰 역할을 했습

니다. 이후 나폴레옹은 금화를 주조하면서 "내 재위 기간에는 절대 지폐를 찍어내지 않겠다"라고 선언하게 됩니다.

미국 남북전쟁 당시 남발된 지폐, 그린백

1861년 미국 남북전쟁으로 전쟁 자금을 조달하기 위해 남부와 북부 정부 모두 지폐를 마구 발행하면서 인플레이션율이 급등했습니다. 특히 남부의 인플레이션과 경제 붕괴가 심각해지고 더 이상의 자금 조달이 어려워지면서 전쟁의 승패가 결정된 것으로 알려졌습니다.

이런 미국에서도 국가가 직접 화폐를 발행한 적이 있습니다. 남북전쟁으로 막대한 자금이 필요해졌을 때인데요, 당시 그린백Green Back이라는 화폐를 만들어냈습니다. 그때까지 미국에 존재하던 화폐는 금보증서·은보증서 등이었고, 지역별로 은행에서 발행하던 화폐가 있었습니다. 그러나 금이나 은을 기반으로 하는 화폐를 더 발행하기 위해서는 더 많은 금과 은을 확보해야 했기 때문에 정부에서는 신용을 기반으로 하는 지폐를 발행하기로 한 것입니다. 물론 금융가들에게 매우 큰 비난을 받았죠. 흥미로운 사실은 당시 대통령이 링컨이었다는 겁니다.

시간이 흘러 다시 화폐를 정부 주도로 조제하려고 한 대통령이 있는데, 바로 케네디였습니다. 알려진 바에 따르면 대통령령으로 법안을 공표하고 그린백 화폐를 발행했지만 유통을 하지는 못했다고 합니다. 알다시피 케네디 대통령이 사망했기 때문입니다. 우연인지 모르지만, 공교롭게도 그린백을 발행한 두 대통령 모두 암살을 당했습

그림 1-27 ▶ 1861년 링컨 정부가 발행한 지폐 그린백

니다.

연방준비제도이사회가 아니라 정부 기관인 재무부가 발행했던 그린백과 현재 사용하는 달러는 어떤 차이가 있을까요? 우선 시뇨리지를 누가 가져가는지가 달라집니다. 재무부가 발행하면 액면가의 교환가치에 대한 이득을 정부가 얻게 됩니다. 즉 인쇄비와 유통비를 제외한 나머지가 정부의 이득이 된다는 거죠. 100달러짜리 지폐를 인쇄한다고 할 때, 제작 및 유통 원가를 2달러라고 가정하면 98달러가 정부의 수익이 되는 것입니다.

연준을 통해 발행하는 현재 시스템에서는 재무부가 필요한 액수만큼의 채권을 발행하고, 연준이 그 채권 액수만큼 달러를 발행하여 정부의 채권과 교환합니다. 즉 정부가 연준에 빚을 내는 것이죠. 그

리고 연준은 돈을 발행하여 정부에 건네주는 거고요. 즉 정부는 달러를 발행할 때마다 막대한 채무를 지게 되고 이 채무는 세금으로 충당해야 하기 때문에, 결국 미국 국민이 연준에 빚을 지는 셈이 됩니다.

화폐는 해당 국가의 신용도를 보여주는 것이며, 지나치게 높은 인플레이션율은 정부에 대한 신뢰의 위기를 의미한다

현대 경제는 그 자체로 내재가치는 없지만 교환의 매개 수단으로 사용되는 종이를 화폐로 인정하는 '신용 화폐'를 사용하고 있습니다. 종이 화폐를 사용한 12~14세기 중국의 예를 보면 지폐에 대한 신뢰를 유지하기 위해 얼마나 애썼는지 알 수 있습니다. 특히 재정이 위기에 부딪혔을 때 통치자의 의지가 매우 중요하다는 것을 확인할 수 있습니다.

미국을 비롯한 대부분의 선진국에서는 이러한 지폐를 얼마나 발행할 것인가에 대한 결정이 정치적 과정으로부터 다소 독립적인 중앙은행의 손에 맡겨져 있습니다. 하지만 과거 역사에서 보면 정치인들이 통화정책의 통제권을 장악하기로 마음먹을 경우, 이 독립성은 언제든지 빼앗길 수 있습니다.

정부가 세금을 더 거두거나 차입을 하는 대신 손쉽게 화폐를 찍어서 지출에 충당하는 것을 무엇으로 방지할 수 있을까요? 역사는 지폐의 가치를 유지하고자 하는 정부의 의지 외엔 아무것도 없었다는 것을 보여줍니다. 이는 현대식 중앙은행을 보유하고 있는 미국 정부도 예외는 아닙니다. 화폐를 발행하는 곳이 중앙은행이지만 재무부와 중앙은행은 같은 정부의 일부로 협력 관계에 있기 때문입니다.

위기 시 미국 재무부는 정부 지출에 필요한 자금을 마련하기 위해 채권을 발행하고 중앙은행이 금융 시장에서 정부가 발행한 채권을 매입(간접 매입)하면서 정부에 자금을 지원합니다. 아직까지는 중앙은행이 발행 시장에서 직접 매입하는 것을 금지하는 국가들이 많지만, 만일 금융 시장이 극심한 혼란에 빠지는 유사시에는 정부 채권을 발행 시장에서 직접 매입하는 것도 가능할 것으로 보입니다. 사실상 미국 정부가 화폐를 찍어서 지출에 충당하는 정부부채를 화폐화하는 것입니다.

중앙은행의 탄생과 인플레이션

스웨덴: 최초의 중앙은행과 유럽 최초의 지폐 실험

최초의 중앙은행

세계 최초의 중앙은행은 네덜란드도 영국도 아닌 스웨덴에서 탄생했습니다. 그리고 세계 최초의 은행권이자 유럽 최초의 지폐 역시 1661년에 스웨덴 중앙은행인 스톡홀름뱅크^{Stockholms Banco}[릭스방켄(Riksbanken)의 전신]가 만들었습니다.

세계 최초의 중앙은행이 만들어지기 이전 1609년 네덜란드의 암스테르담시가 만든 비셀방크^{Wiesselbank}가 중요한 금융혁신을 이끌었습니다. 여러 나라의 통화를 단일한 통화로 예금할 수 있는 계좌를 개설해주고 계좌 이체를 제공하면서 근대적인 지급결제 시스템을 구축한 것입니다. 암스테르담에서 교역하는 상인들은 이를 통해 수표를 발행하거나 계좌 이체를 하는 방식으로 상거래를 원활하게 진행할 수 있었습니다. 그러나 비셀방크는 예금 인출에 대비해 100% 지급준비율 원칙을 고수했기 때문에 대출까지는 생각하지 못했습니다.

두 번째 금융혁신인 대출을 통한 신용 창조는 1656년 스웨덴에서 시작됐습니다. 네덜란드 출신인 금융업자였던 요한 팔름스트루흐^{Johan Palmstruch}가 네덜란드와 금융 거래 및 무역이 활발하던 스웨덴으로 건너가 세계 최초의 중앙은행인 스톡홀름뱅크를 만든 것입니다. 1647년 스웨덴에 건너간 요한 팔름스트루흐는 금융업에 뛰어난 역량을 인정받아 전국 무역협회 위원으로 임명됐고, 스웨덴 국왕을 설득하여 중앙은행을 만들게 됩니다. 스웨덴 국왕에게 이윤의 절반을 줄 것을 약속하면서 만든 스톡홀름뱅크는 단순히 금과 은 등을 맡기는 기능을 넘어 은행 계좌라는 지급결제 기능과 대출을 통한 신용 창조를 시작했습니다.

대출을 통한 신용 창조

스톡홀름뱅크는 비셀방크보다 한 걸음 더 나아가 지급결제 서비스뿐 아니라 대출 업무를 병행했는데요. 비셀방크에서는 예금으로 받은 돈에 100% 지급준비 원칙을 고수했지만, 스톡홀름뱅크는 100% 지급 원칙을 굳이 지킬 필요가 없다고 생각했기에 대출 업무를 할 수 있었습니다. 예금자들이 동시에 예금을 전액 인출할 가능성이 크지 않다고 생각한 겁니다. 따라서 예금의 일부만을 지급준비금으로 남기고 나머지를 적극적으로 대출해 은행의 수익성을 높일 수 있었습니다.

한편 인출과 대출 등 금융 거래에서 금·은화가 가치 비교와 사용에 상당한 어려움이 있었기 때문에 이를 해결하기 위해 큰 단위 액수의 거래가 가능한 종이 화폐를 고안해냈습니다. 이렇게 최초의 은행권이자 유럽 최초로 발행된 지폐는 큰 호응을 불러일으키면서 활성화됐습니다. 많은 사람이 예금을 했고 많은 사람에게 대출을 승인해주면서 스톡홀름뱅크의 사업은 번창해갔습니다.

그러나 지급준비 원칙을 너무 느슨하게 만들었기 때문에 스톡홀름뱅크는 결국 파산했습니다. 대출을 과도하게 실행했기에 은행에 돈을 맡긴 사람들이 인출을 요구할 때 은행 내부의 돈이 부족해지면서 인출해주지 못하는 상황이 발생했습니다. 이럴 때마다 은행은 지폐를 과도하게 발행했고, 더욱이 약속어음에도 문제가 생기면서 스톡홀름뱅크는 3년 만에 폐쇄됐습니다. 운영권은 스웨덴 국회의 감독 아래 스웨덴 왕립 재정은행으로 넘어갔고, 무리한 영업과 부도 책임을 물어 요한

그림 2-1 ▶ 근대식 중앙은행 시스템의 발전에 기여한 은행들

1609년 암스테르담 비셀방크
→ 예금 계좌 통합, 근대식 결제 시스템

1661년 스웨덴 스톡홀름뱅크
→ 예금을 넘어서는 대출(신용 창조)

1694년 영란은행
→ 지폐 활성화, 은행 간 청산 제도

팔름스트루흐는 사형선고를 받고 감옥에서 생을 마감했습니다. 그러나 그가 도입한 지폐와 지급준비금을 넘어선 대출, 어음의 개념 등이 금융혁신의 밑바탕이 되어 근대적인 은행 시스템을 한 단계 도약시켰다고 평가받고 있습니다.

지폐, 또 한 번의 실패

스톡홀름뱅크의 실패와 프랑스에서 존 로의 실험이 붕괴되는 것을 본 유럽 대륙 국가들은 상당 기간 지폐 도입을 꺼렸습니다. 그럼에도 스웨덴은 왕정에서 입헌 군주제로 변화하면서 기존의 무거운 구리 동전을 다시 한번 빠르게 종이 화폐로 바꿨는데요. 특히 1756년 발발한 7년 전쟁(1756~1763)으로 정부부채가 급증하자 신분제의회는 지폐 발행량을 늘려 재정적자를 메웠습니다.

신분제의회는 산업을 적극적으로 육성하면서 중앙은행에서 완제품을 담보로 기업들에 신용 대출을 해주었는데, 이때 은화나 동화가 아니라 지폐를 사용했습니다. 이 덕분에 많은 기업이 지폐를 사용하게 됐습니다. 그러나 스웨덴 기업들의 제품이 질적으로 좋지 않았기 때문에 밀수된 외국 제품들에 밀려서 잘 판매되지 않았고, 적자를 재정 지원과 화폐 발행으로 채우는 악순환이 반복됐습니다. 결국 기업들에 대한 재정 지원과 7년 전쟁의 군사비 지출을 위해서 지폐를 계속해서 발행했기 때문에 통화량이 증가하여 물가가 가파르게 상승하기 시작했습니다.

지폐를 엄청나게 찍어내자 일시적인 경기 부양 효과는 있었지만, 얼마 못 가 인플레이션으로 내수경제가 무너져버린 것입니다. 1765년 화폐 유통량을 줄이면서 내수경제가 붕괴한 데다 새 군주인 구스타프 3세의 친위 쿠데타가 일어나 선출된 정부를 뒤엎으면서 스웨덴의 대의민주주의는 종말을 고했습니다. 새로운 정부가 은본위제의 은행권을 발행하면서 지폐 실험은 끝이 났습니다.

영국: 영란은행의 탄생과 종이 화폐의 정착

영란은행의 탄생 배경

금속 화폐 시대에 물가 상승률을 안정적으로 유지하는 방법은 국민이 화폐를 위조하거나 깎아내지 못하도록 제도적 장치를 마련하고, 정부가 자의로 금속 화폐의 순도를 낮추지 않으면서 화폐 발행을 확대하지 않는 것입니다. 유럽 국가들 중 상공업이 가장 발달했던 네덜란드와 영국은 화폐의 신뢰도를 바탕으로 안정적인 금융 시스템을 만들면서 과거의 화폐를 둘러싼 '악화와 양화의 싸움'에서 탈피할 수 있었습니다.

명예혁명 이전 영국에서는 다른 국가들처럼 국왕이 채권의 이자와 원금 지급을 거부하는 일이 비일비재했다고 합니다. 1649년 찰스 1세가 올리버 크롬웰^{Oliver Cromwell}에 패배하면서 청교도혁명이 발생한 것도 전함 건조를 위해 특별 세금인 전함세를 무리하게 부과해서 귀족과 금융업자들의 반발을 샀기 때문입니다.

1671년 영국 국왕 찰스 2세는 채권 원금과 이자 지급을 거부하면서 영국의 금리가 10% 이상으로 상승한 적도 있었습니다. 이어 제임스 2세가 벽난로세 등 수많은 품목에 자의로 세금을 부과하면서 의회를 비롯한 납세자들의 강한 반발을 초래했습니다. 결국 시민들은 1688년 명예혁명을 일으켜 제임스 2세를 내쫓고 네덜란드의 오렌지 공 윌리엄을 국왕으로 옹립한 뒤, '새로운 세금을 걷을 때 의회에 동의를 얻을 것과 국민의 재산을 자의로 강탈하지 않을 것'을 약속받았습니다. 이후로 영국 정부는 이자와 원금의 지급을 한 번도 연체하지 않았습니다.

이렇게 신뢰할 수 있는 자본 시장이 형성되자, 전 세계 부자들이 투자하러 영국 런던의 금융 시장으로 몰려들었습니다. 빠르게 반응한 금융 시장 덕에 1688년 명예혁명 이후 영국의 국채금리는 1690년 10%에서 1702년에 6%로 가파르게 떨어졌고, 1755년 2.74%로 하락하면서 저금리로 대규모 자금을 조달할 수 있었습니다.

영국은 9년 전쟁(1688~1697)에서 프랑스에 대패한 뒤 강력한 해군 육성의 필요성을 절감했습니다. 이를 위해 120만 파운드의 기금이 필요했지만 윌리엄 3세 정부가 끌어들일 수 있는 기금은 태부족이었습니다. 이에 윌리엄 3세는 기금을 확보하기 위해 1694년 영국의 중앙은행인 영란은행의 설립을 허가했습니다. 기금 조성을 위해 영란은행 지주회사를 설립하고 주식을 발행하여 주주를 모집했습니다. 초기에 참여

그림 2-2 > 영란은행 설립에 서명하는 윌리엄 3세

한 주주들은 당시 은행 역할을 하던 금 세공업자들이었습니다.

런던 금 세공업자들의 중심 역할을 하는 런던금세공회사^{Goldsmiths'}
Company of London는 1248년 설립됐고, 1327년에 영국 왕실로부터 정식 인가
를 받았습니다. 당초에는 금과 은으로 만든 접시와 보석의 가공과 매
매가 주요 업무였는데, 귀금속 전문가 중에서 일부가 17세기에 화폐
및 유사 은행 업무로 확장했습니다.

이들은 환전 업무를 하면서 유통되는 주화 중 무거운 것을 골라 녹
여서 다시 주화를 만드는 일로 돈을 벌었습니다. 당시 런던의 상인들
은 런던탑에 있는 왕실 조폐국에 주화를 보관했는데, 1640년 찰스 1세
가 조폐국에 예치된 주화를 몰수하여 부족한 전쟁 자금으로 사용하는
일이 벌어졌습니다. 이후 정부를 믿지 못하게 된 런던 상인들은 금 세
공업자들에게 주화를 예탁했습니다.

한편 금 세공업자들은 정부가 발행한 채권을 대규모로 보유하고 있

었는데, 찰스 2세가 채무 상환 불이행을 선언하면서 큰 손해를 입고 파산에 이르기도 했습니다. 그러나 금 세공업자들은 이 위기를 극복하고 예금과 대출, 지급결제 업무를 모두 수행하는 유사 은행으로 발전했습니다.

이전의 암스테르담은행이 영란은행의 설립에 많은 영향을 주었지만, 금 세공업자들도 현대 금융 제도의 발달에 몇 가지 큰 기여를 했다고 알려져 있습니다. 첫 번째는 예금과 대출을 연계하는 근대식 금융 중개를 통한 유동성 기능입니다. 두 번째는 예금증서와 약속어음 등으로 종이 화폐가 활성화되는 데 중요한 역할을 했습니다. 세 번째는 신용과 신뢰를 바탕으로 한 지급결제 네트워크를 통해 은행 간 청산 제도를 발전시키는 데 기여했습니다.

당시 영국의 의사결정 주체가 왕으로부터 의회로 이전되는 상황에서 영국 의회는 전쟁 자금 조달이라는 이유 외에도 여러 측면에서 중앙은행의 필요성을 인식하고 있었습니다. 도시의 인구가 급속히 증가하고 무역이 확대되는 가운데 물품과 서비스 공급이 증가하면서 통화와 신용의 확대가 요구됐기 때문입니다.

영란은행은 설립 당시 정부 산하 기관이 아닌 특허 기업이었지만, 정부에 대한 대출(연이율 6%, 최종 수정안 8%)을 대가로 화폐(은행권) 발행 권한을 부여받았습니다. 은행권은 발행한 은행의 입장에서는 부채이지만 이자 지급이 필요 없는 데다, 발행한 은행권에 대해 금과 은을 100% 교환하지 않는다면 막대한 주조 차익(시뇨리지)을 얻을 수 있었습니다. 영란은행은 이렇게 정부에 금전을 제공하고 이에 상응하는 지폐를 발행하여 대출 업무에 사용했습니다. 이를 통해 120만 파운드의 기금이 조성됐고 그 가운데 절반이 해군을 육성하는 데 사용됐습니다.

정치권과 상인들 중에서는 왕의 권한을 강화할 수 있고, 은행 산업을 독점할 것이라는 우려로 영란은행 설립을 반대하는 사람도 많았습니다. 그럼에도 영란은행이 설립될 수 있었던 것은 중앙은행의 설립으로 금 세공업자 조합의 독과점에 의한 금리를 낮출 수 있었고, 이에 따라 기업과 상인에게 추가적인 이익의 기반을 제공했기 때문입니다. 여기에 전쟁 자금을 충당하지 않으면 프랑스와의 전쟁에서 패배하리라는 위기감도 강하게 작용했습니다.

영국 정부는 기존에 발행했던 부채를 영란은행 주식과 교환했습니다. 정부의 부채를 영란은행에 떠넘긴 셈입니다. 물론 영란은행은 은행권 발행에 따른 차익으로 주식 보유자들에게 배당금을 지급했고, 영국 정부에는 대출을 해줌으로써 이자 차익을 얻을 수 있었습니다.

영란은행의 국내총생산 대비 자산 비중은 1713년에 이미 20% 선을 넘어섰습니다. 영국 정부는 정기적으로 국채를 발행해 저금리로 자금을 조달했고, 시장 금리가 급등하거나 채권 발행이 여의치 않을 때는 영란은행에서 자금을 빌리는 식으로 손쉽게 자금을 조달했습니다.

물론 영국 정부가 영란은행에서 빌린 돈을 갚지 않으면, 그리고 영란은행이 은행권을 금과 제때 교환해주지 못하면 한순간에 신뢰가 무너질 수도 있었습니다. 그러나 다른 유럽 국가에 비해 영국의 조세 시스템은 매우 건전한 편이었습니다. 엘리자베스 1세의 통치 기간에는 왕실 수입이 국민총생산의 2%를 초과한 적이 없었지만, 명예혁명 이후 영국 정부의 세금 수입은 급격히 증가했습니다. 정부 총지출의 국민소득 대비 비율은 1680년대 중반 4%에서 18세기 전쟁 기간에 17~20%까지 치솟았습니다.

나폴레옹 전쟁과 영란은행

영란은행은 18세기 말부터 이어진 나폴레옹 전쟁으로 힘든 시기를 보내기도 했습니다. 나폴레옹은 영란은행을 중심으로 하는 영국의 탄탄한 금융 시스템을 두려워했다고 합니다. 영국이 전쟁 자금을 낮은 이자율로 조달할 수 있으니까요. 그래서 영국의 금융 시스템을 혼란스럽게 할 방법을 모색하기도 했다는 이야기도 있습니다.

실제로 나폴레옹이 사실상 유럽 전역을 장악하자 영국에서도 금값이 상승하면서 금융 시스템이 혼란해지기 시작했습니다. 명예혁명 이후 영국 정부가 파운드(은행권)와 금의 교환 비율을 고정해놓았음에도, 금값 상승으로 금융 시스템에 대한 불신이 높아지는 것은 어쩔 수 없었습니다.

영국은 1688년 명예혁명 이후 1694년 영란은행이 설립되고 아이작 뉴턴이 왕립조폐국장이 되면서부터 화폐 제도가 정비되고 금융 시스템이 안정화될 수 있었습니다. 뉴턴은 영란은행과 함께 영국의 화폐 제도를 정비하면서 악화(불량 화폐)를 제거하고 위조가 어려운 새 주화(파운드)를 보급했습니다. 영국의 근대 화폐 제도와 금융 시스템은 이런 과정에서 어렵게 이뤄낸 성과였습니다.

이런 역사를 갖고 있는 영국에서 1797년 나폴레옹과의 전쟁을 앞두고 윌리엄 피트$^{William Pitt}$ 총리가 "금 태환을 중단하겠다"라고 선언한 것은 화폐에 대한 신뢰를 약화시키는 과거 시대로 돌아가는 것 아닌가하는 의심을 낳기에 충분했습니다. 그럼에도 나폴레옹과의 전쟁에 필요한 대규모 자금 조달을 위해 영국 정부는 영란은행의 발목을 잡고 있던 금 태환 의무라는 족쇄를 풀어주면서 화폐 공급을 늘려서 정부에 자금을 공급하게 했던 것입니다. 이에 따라 나폴레옹 전쟁 전후 영국에서 통화량이 급증하면서 화폐 가치가 하락하는 전형적인 인플레이션이 문제로 대두됐습니다.

금 태환 중단 선언은 영란은행이 정부에 다시 종속된다는 것으로 비쳤고, 그것은 과거 절대왕정 시대로 돌아가려 한다는 의심을 받기에 충분한 것이었습니다. 사회비평가이자 풍자화가인 제임스 길레이^{James}

그림 2-3 ▶ 영란은행의 주머니를 터는 총리(제임스 길레이, 1797)

Gillray가 당시 국민의 정서를 대변하는 그림을 그렸는데요. 그는 피트 총리의 금 태환 중단 선언을 정부가 중앙은행의 주머니를 터는 치한으로 묘사했습니다.

나폴레옹 전쟁 이후 영란은행

나폴레옹과의 전쟁에 승리하면서 모든 것이 정상으로 돌아갈 것으로 보였고, 영란은행의 금 태환도 재개되는 듯했습니다. 그러나 영국 정부는 그렇게 하지 못하고 망설였는데요. 금 태환을 재개하기 위해서는 통화량을 축소하여 경기를 위축시켜야 했기 때문입니다. 따라서 영국은 금 태환을 재개할 것인가, 포기할 것인가라는 두 가지 안을 가지고 심각하게 고민을 하게 됐습니다. 이러한 논쟁을 지금 논쟁地金論爭, Bullionist Controversy이라고 합니다.

데이비드 리카도David Ricardo와 토머스 맬서스Thomas R. Malthus를 중심으로 하는 잉글랜드 출신의 상인, 정치인, 학자들은 금만이 진짜 돈이라고 주장하면서 "금 태환을 재개할 것"이라고 말했습니다. 이들을 지금론자bullionist들이라고 합니다. 특히 데이비드 리카도는 지폐의 발행을 철저하게 규제하여 국내 금 보유량과 일치시켜야 한다는 상품 화폐론을 강하게 주장했습니다.

반면 실제 민간 대출 등의 자금을 운용했던 영국의 금융 실무자와 은행가들, 그리고 존 스튜어트 밀John Stuart Mill 같은 스코틀랜드 출신의 이론가들은 이러한 극단적인 상품 화폐론에 격렬하게 반대했습니다. 화폐는 그 자체로 사회적 신용에 기초하여 만들어진 것으로 생각했기 때문입니다. 이들을 반지금론자들anti-bullionist이라고 합니다. 이 싸움은 1797년부터 1821년까지 20년 넘게 계속됐는데, 결국 지금론자들이 승리하면서 금 태환을 재개하게 됩니다.

1819년 금 태환법Resumption Act이 제정되면서 영란은행권의 금 태환이 재개됐습니다. 금 태환을 주장했던 사람들은 기뻐했지만 머지않아 경기가 침체되기 시작했고, 1825년에는 열풍이 불었던 중남미에 대한 투기 버블이 꺼지면서 금융 공황이 발생하기도 했습니다.

당시 많은 사람들은 그것이 금 태환을 새개했기 때문이라고 생각하지 않았습니다. 오히려 영란은행이 과도하게 영업을 확장하다가 버블이 발생했다고 생각했습니다. 나폴레옹 전쟁을 거치면서 영란은행에 대한 시선이 바뀌어버린 것입니다. 정부에 의해서 돈을 털리는 '노숙녀Old lady'에서 '자기 속만 채우고 버블을 키우는 서민의 적'이라고 비판하는 시각이 늘어가면서 영란은행에 대한 규제의 목소리가 커져 갔습니다.

이런 시각은 비단 영국만의 문제가 아니었습니다. 미국에서도 중앙은행을 폐지하자는 주장이 중요한 화두로 떠올랐습니다. 민주당의 앤드루 잭슨Andrew Jackson 대통령은 부자와 은행을 서민의 적으로 규정하면서 제2차 미국은행의 영업 기간 연장을 거부하면서 중앙은행을 폐지해버린 것입니다. 이후 미국은 27년 동안 중앙은행 없이 아무 은행이나 화폐를 발행할 수 있게 하는 '자유은행주의Free Banking System' 시대로 진입합니다. 이는 중앙은행이 없어도 일반 은행들끼리 금 태환 준칙을 지키면서 공정하게 경쟁하게 만들면 통화 가치도 안정되고 버블이나 금융위기 같은 것도 막을 수 있다는 것입니다.

영란은행도 같은 맥락의 논의에 휩쓸리면서 1833년 만료 예정인 런던 지역의 화폐 발행 독점권을 몰수하고 해체하자는 주장까지 나오기도 했습니다. 이에 영란은행은 1832년 런던 지역 내 발권의 독점권 연장을 신청하며 은행권의 발행을 금 보유량에 맞춰 조절하겠다고 선언하면서 어렵게 연명할 수 있었습니다.

그러나 1837년 빅토리아 시대 영국 경제가 빠르게 성장하고 금융

그림 2-4 ➤ 영란은행의 중요한 연대기 요약

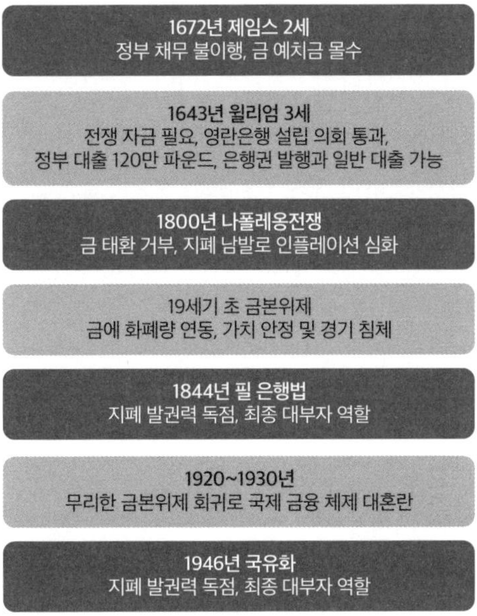

1672년 제임스 2세
정부 채무 불이행, 금 예치금 몰수

1643년 윌리엄 3세
전쟁 자금 필요, 영란은행 설립 의회 통과,
정부 대출 120만 파운드, 은행권 발행과 일반 대출 가능

1800년 나폴레옹전쟁
금 태환 거부, 지폐 남발로 인플레이션 심화

19세기 초 금본위제
금에 화폐량 연동, 가치 안정 및 경기 침체

1844년 필 은행법
지폐 발권력 독점, 최종 대부자 역할

1920~1930년
무리한 금본위제 회귀로 국제 금융 체제 대혼란

1946년 국유화
지폐 발권력 독점, 최종 대부자 역할

산업의 역할이 커지면서 영란은행의 역할이 매우 중요해지는 상황으로 변화됩니다. 로버트 필Robert Peel 수상은 영란은행을 강화하여 독점적인 발권력을 영구히 인정하고 금 보유고와 화폐 발행을 연동하는 금본위제를 실시하게 했습니다. 또한 이전까지 각자의 은행권을 발행해오던 시중은행들의 발권 권한을 빼앗아 영업 지역을 전국으로 확대하는 본격적인 중앙은행으로서 영란은행의 힘이 엄청나게 커지는 계기가 됐습니다. 이것이 필 은행법Peel's Act of 1844의 내용 입니다. 이를 통해 영란은행은 금 태환 약속을 근간으로 금리를 조절하면서 영국 전체의 무역량과 금의 유출입을 좌우할 수 있는 힘을 갖게 된 현대식 중앙은행으로 업그레이드될 수 있었습니다.

한편 1873년《이코노미스트》편집장이던 월터 배젓Walter Bagehot은 『롬바르드 스트리트Lombard Street』라는 책을 통해 영란은행이 최종 대부자lender of last resort 역할을 해야 한다고 주장했습니다. 발권력을 갖고 있는 영란은행이 최종 대부자의 역할을 수행해야 금융위기가 발생했을 때 문제를 해결할 수 있다는 것입니다. 이렇게 영란은행은 빅토리아 시대 영국 경제를 지탱하는 중요한 기관으로 자리를 잡을 수 있었습니다.

미국:
1, 2, 3차 연준의 탄생

해밀턴 vs. 제퍼슨: 1782~1783년 북미은행과
1791~1811년 제1차 미국은행

미국의 연방준비제도는 1913년에 만들어졌습니다. 유럽의 다른 나라들에 비해 왜 이렇게 늦어졌을까요? 1913년에 설립된 미국 연방중앙은행은 미국의 세 번째 중앙은행으로 볼 수 있습니다.

　미국이 영국에서 독립한 후, 알렉산더 해밀턴은 영란은행을 본떠 민간 소유의 중앙은행이면서 상업은행으로서도 영업을 하는 북미은행Bank of North America을 만들었습니다. 북미은행은 연방정부에 대한 대출의 대가로 정화로 태환이 가능한 은행권을 독점적으로 발행할 수 있었고, 정부는 세금으로 정부 채무를 상환하도록 했습니다. 그러나 시장의 신

그림 2-5 ➤ 영국처럼 부강해지려면 중앙은행이 꼭 필요하다고 주장한 알렉산더 해밀턴 재무부 장관

그림 2-6 ➤ 소수가 다수를 지배하는 것은 위험하다고 주장한 토머스 제퍼슨

뢰를 받지 못해 1년 만에 중앙은행으로서의 기능을 포기하고 필라델피아 주정부가 인가한 상업은행으로 전환됐습니다.

재무부 장관이 된 이후 알렉산더 해밀턴은 1791년 다시 한번 중앙은행 설립을 시도합니다. 제1차 미국은행First Bank of the United States이 그것인데요. 연방중앙은행을 만들고자 계속 노력해온 해밀턴을 중심으로 한 연방주의자들은 부강한 나라를 만들기 위해서는 영국과 같은 중앙은행 시스템이 꼭 필요하다고 생각했습니다.

그러나 토머스 제퍼슨Thomas Jefferson 등의 반연방주의파는 결사반대했

는데요. 프랑스에서 발생한 존 로 사태에서 보았듯이 종이 화폐는 돈이 아니며, 북부 상공업 세력들이 세운 민간 기관이 중앙은행이 된다면 연방정부의 힘이 그들에게 넘어갈 것으로 보았습니다. 특히 중앙은행을 통해 소수가 대중을 지배하는 것은 대단히 위험한 일로 보았기 때문에 결사반대했습니다.

정치권뿐 아니라 그 외 다양한 이해집단의 반대에도 부딪혔는데요. 일반 시민들은 이전에 대륙지폐 등 정부의 지폐 남발로 화폐 가치 하락과 인플레이션의 피해를 당한 경험이 있어서 지폐를 신뢰하지 않았습니다. 또한 주정부의 허가를 받아 은행업을 하려는 사업가들은 제1차 미국은행이 은행 비즈니스를 독점할 것을 우려하기도 했습니다. 또한 제1차 미국은행이 충분한 지급준비 여력을 갖추지 못한 상태에서 화폐를 발행함으로써 통제에 실패할 것으로 보는 사람도 많았습니다.

이렇게 1791년 제1차 미국은행 설립을 둘러싼 극심한 대립이 있었지만 조지 워싱턴George Washington의 중재로 20년간 실험 운영하기로 타협을 합니다. 해밀턴은 반대 의견을 받아들여 위기 상황 또는 정치적인 판단에 의해 지폐를 마음대로 찍어낼 가능성이 있기 때문에 정부가 지분의 20%만 소유하고 나머지는 민간이 보유하도록 했습니다.

1791년 첫해에 운영을 시작하고 정부 채권을 기반으로 은행권을 발행한 후, 1792년 과다한 신용 공급으로 약간의 위기를 겪기도 했지만 제1차 미국은행은 이후 20년 동안 성공적으로 운영됐습니다. 그러나 1811년 인가 기간이 만료되는 시점에서 '연방중앙은행의 활동이 헌법에 위배된다'라는 반연방주의파 정부의 연장 거부 논리에 따라 결국 영업이 종료되고 민간인에게 매각됩니다.

비틀 vs. 잭슨: 1816~1836년
제2차 미국 중앙은행 논쟁

제1차 미국은행이 운영을 중단하면서 예치된 정화 예금은 흩어졌고 일부는 외국인 주주에게 보내졌습니다. 주법은행들이 정화가 부족한 상태에서 은행권을 남발한 데다 1812년 미영전쟁이 발발하면서 금융 시장이 혼란해졌기 때문입니다. 세2차 미국은행은 1816년 정부의 필요에 의해 다시 20년간 실험 운영이 시작됐습니다. 마찬가지로 정부는 20% 지분만 소유했으며, 은행권의 태환 유지와 연방정부의 채무 상환을 지원하기 위해 설립됐습니다.

1823년 은행장이 된 니컬러스 비들^{Nicholas Biddle}은 주법은행들이 정화를 보다 많이 보유하도록 하여 지나친 대출을 억제했습니다. 이에 따라 통화와 은행 대출의 질이 향상되고 투기적인 이익을 추구하는 은행들의 행태가 감소했습니다(다만, 많은 소형 은행이 부도를 맞기도 했습니다). 특히 최소한 주마다 1개의 지점을 설치하게 되면서 전국적으로 동일한 지폐를 공급할 수 있었으며, 이는 1820~1830년대 미국의 경제 성장에 기여했습니다.

그러나 제2차 미국은행의 성공을 싫어하는 사람들이 많았습니다. 지점 설치를 반대했던 주지사들, 대형 중앙은행에 적대적이었던 민간

은행가들, 은행의 혜택을 받지 못하는 서민들 모두 제2차 미국은행의 존속을 반대했습니다.

특히 이 논쟁 과정에서 부자와 은행을 대중의 적으로 규정한 앤드루 잭슨 대통령은 제2차 미국은행의 통화정책이 모두 실패했고 은행은 부패한 조직이라고 비난하면서 1833년 정부 예금을 모두 인출해버

그림 2-7 ▶ 부자와 은행을 대중의 적으로 규정한 앤드루 잭슨

그림 2-8 ▶ 앤드루 잭슨 대통령에게 엎드린 은행가들

제2장 중앙은행의 탄생과 인플레이션

렸습니다. 결국 1833년 대통령 선거는 중앙은행 폐지 여부가 최대 쟁점이 됐고, 재선에 성공한 앤드루 잭슨 대통령이 1836년 20년간의 영업 연장을 거부하면서 제2차 미국은행도 사라졌습니다. 이후 80년 동안 미국은 중앙은행이 해야 할 일들이 재무부와 다양한 청산소 등으로 넘겨졌고, 주기적인 금융위기에 시달리게 됩니다.

중앙은행 없는 80년: 자유은행 시대와 국법은행 시대

제2차 미국은행이 영업을 종료한 이후 미국은 연방정부의 규제를 받는 은행이 사라지고 개별 주정부의 인가를 받아 영업을 하는 주법은행들만 남게 됐습니다. 이렇게 주정부의 인가만으로 은행 설립이 가능한 시스템을 '자유은행주의'라고 합니다.

자유은행 제도는 1830년대 뉴욕, 미시간에서 시작되어 1861년 남북전쟁 때까지 약 18개 주로 확산됐습니다. 자유은행 제도에서도 물론 주정부가 은행 지급준비금, 대출과 예금의 이자율, 최저자본금 등을 규제했습니다. 하지만 은행 설립이 쉬워지면서 소규모 은행들이 난립했고, 단기 이익을 추구하는 은행들이 많아 금융 시장의 혼란이 가중됐으며, 은행권 발행이 쉬워져 인플레이션이 쉽게 유발되곤 했습니다.

약 27년 지속된 자유은행 시대는 1863년 국법은행법^{National Bank Act}이 제정되면서 마감됐습니다. 남북전쟁 이후 정부 간섭을 최대한 배제하던 전통이 사라지고 정부가 통화와 은행 제도에 깊이 관여하게 됐습니다. 특히 1861년 남북전쟁 기간에 연방정부는 금이나 은으로 태환이 가능하지 않은 지폐(그린백)를 발행했는데, 이를 1862년 법정통화법 제정 후 발행된 '미 정부 지폐United States Government Note'가 이어받았습니다. 이 지폐는 중앙은행이 아닌 재무부가 발행한 것으로 1914년 미 연준의 은행권Federal Reserve Note이 발행된 이후 점차 감소하게 됩니다.

또한 주법에 의해 설립된 민간 은행들이 은행권을 발행할 때 내는 소비세율을 2%에서 10%로 인상하면서 법정통화가 주법은행의 은행권을 대체하도록 유도했습니다. 그러나 주법은행들이 다양한 방법으로 이를 회피하면서 정부가 의도한 만큼 국법은행으로 전환되진 못했습니다. 또한 미국 정부 지폐의 총량이 국법은행들이 보유하고 있는 연방정부의 채권량에 의해 정해져 있어 탄력적인 화폐 공급이 어려웠습니다. 또한 재무부가 주법은행들을 통제할 수 있는 수단이나 권한이 없다는 것도 문제였습니다. 따라서 1800년대 후반 미국은 유동성 부족으로 금융회사들의 부도와 뱅크런이 반복되면서 연방중앙은행을 다시 한번 만들자는 주장이 힘을 얻게 됩니다.

세 번째 연방준비은행: 1907년 공황과 JP모건 등 민간 독점 자본의 역할에 대한 대안

그렇게 중앙은행 없이 80년을 보낸 후 1906년 샌프란시스코 대지진

그림 2-9 ▶ 1907년 금융 공황 당시 뉴욕 증권거래소 앞

과 1907년 영란은행의 금리 인상에 따른 충격으로 중앙은행의 필요성이 부각됐습니다. 당시 미국의 금이 빠르게 유럽으로 유출되면서 자금 유동성이 악화됐고, 맨해튼 3위 규모인 니커보커신탁은행^{Knickerbocker Trust Company}이 파산하면서 대형 금융위기가 발생했습니다. 이때 J. P. 모건^{J. P. Morgan}이 금융기관장 회의를 주재하면서 마치 오늘날의 중앙은행처럼 정부와 은행들을 압박하여 자금을 공급하면서 금융 시장을 회복시켰습니다. 그가 최종 대부자 기능을 수행한 것은 좋았으나, 그 와중에 테네시철강회사 주식을 헐값으로 챙겨서 국민의 분노가 커졌습니다.

이후 강력한 금융 권력의 탄생을 싫어했던 미국 사람들은 유럽에 비해 금융위기가 빈번하게 나타나고, 또 그때마다 민간 금융가의 카리스마에 의존하는 시스템을 해결하기 위해 미국 역사상 세 번째 중앙은행 시스템을 만들게 됐습니다.

1913년 설립된 연방준비제도^{FED}의 핵심 목표는 반복되는 금융위기를 방지하는 것이었습니다. 위기 시 탄력적으로 통화량을 조절하여 금융기관에 유동성을 신속하게 공급하여 금융위기를 방지하고자 했습니다. 이에 1914년 연준 은행권을 발행하여 기존의 재무부가 발행한 지폐와 민간 은행권을 대체해나갔습니다. 그러나 1873년부터 실질적으로 금본위제를 유지하고 있었고 연준 은행권의 발행은 연준이 보유하고 있는 금 보유량에 의해 제한을 받는 한계를 갖고 있었기 때문에 1930년 대공황 초기 적절하게 대처하지 못했다는 비판을 받았습니다.

왜 미국 연준은 정부 기관이 아니라 민간이 지분을 갖고 있을까?

미국 연준은 12개 지역별 중앙은행의 묶음이라고 할 수 있습니다. 왜 미 연준은 정부가 아니라 민간이 지분을 갖고 있는 민간 기관일까요? 이를 둘러싼 많은 의혹과 루머가 있지만, 정부가 아니라 민간에 의해 움직여야 한다는 중앙은행에 대한 미국적 사고에 기인하는 것으로 판단됩니다.

우선 당시 상원 상임위원회를 통과한 것은 유럽식 중앙은행이 아니라 12개 지역 연준이 각기 자율성을 가지고 영업하는 중앙은행이라고 보았기 때문입니다. 또한 1913년 연준법에는 '공개시장조작'이라는 개념이 없었는데, 1922년 뉴욕 연준 등 몇몇 지역 연준이 워싱턴의 허락

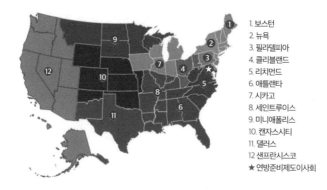

그림 2-10 ▶ 12개 지역 중앙은행과 연방준비제도이사회로 구성된 연방준비제도

1. 보스턴
2. 뉴욕
3. 필라델피아
4. 클리블랜드
5. 리치먼드
6. 애틀랜타
7. 시카고
8. 세인트루이스
9. 미니애폴리스
10. 캔자스시티
11. 댈러스
12. 샌프란시스코
★ 연방준비제도이사회

을 받지 않고 시작한 국채 투자가 경기 조절에 탁월한 효과가 있다는 점을 발견한 후 뉴욕 연준은 자신들의 조치를 '공개시장조작'이라고 불렀습니다.

이후 13년간 연방준비위원회와 지역 연준은 공개시장조작의 결정권이 어디 있는지를 두고 격렬하게 싸웠습니다. 청문회에서 의원들은 "지역 연준을 연준이사회가 통제하고 대통령이 다시 연준이사회에 강력한 영향력을 행사할 수 있게 되면, 장차 인플레이션이 만연하고 선거철마다 통화량이 늘어나게 될 것"이라고 우려했습니다.

연준의 창설 이후 경색되는 경우가 많았던 단기 자금 시장의 차입 여건이 개선되면서 단기 채권 시장의 금리는 하향 안정세를 보였습니다. 당시 단기 자금 시장은 진성 어음할인 중심의 시장이었습니다. 융통성 있는 통화 관리를 목적으로 하는 연준이 등장한 이후 은행 할인율은 1914년부터 1916년 사이 6%에서 3%로 하락했습니다.

독일: 하이퍼인플레이션과 독일 중앙은행의 전통

독일 중앙은행의 역사는 1875년 독일의 통일과 함께 프로이센의 중앙은행이었던 라이히스방크^{Reichsbank}가 은행법 제정과 함께 독일 전체의 중앙은행이 되면서 시작됐습니다. 통일독일 제국의 중앙은행으로서 라이히스방크는 1945년 제2차 세계대전 이후 폐쇄될 때까지 마르크 통화 가치의 유지, 정부 채권 인수, 어음할인과 재할인 등으로 시중은행에 유동성을 공급하는 역할 등을 해왔습니다.

제1차 세계대전 이후
독일 하이퍼인플레이션과 라이히스방크

20세기 물가가 폭등한 하이퍼인플레이션의 첫 번째 사례가 1920년대 초 독일의 바이마르공화국이었습니다. 화폐 가치가 급락하면서 손수레 가득 돈을 싣고 다니거나 장작이 아닌 돈을 태웠던 사진들이 남아 있습니다. 어떻게 이런 하이퍼인플레이션이 발생했을까요?

　일반적으로 혁명이나 전쟁을 겪은 이후 경제가 불안해질 때 하이퍼인플레이션이 종종 발생했습니다. 우선 제1차 세계대전 중에 독일 정부가 전시 자금을 위해 돈을 마구 찍어냈는데, 전후에 억눌렸던 수요가 폭발하면서 하이퍼인플레이션이 발생했다는 얘기가 있습니다. 전쟁 중에는 필수품도 배급제였고 돈을 쓰기가 쉽지 않은 상황이었습니다. 1918년에 전쟁이 끝나고 억눌렸던 수요가 한꺼번에 풀렸지만, 제

그림 2-11 ▶ 화폐 가치의 폭락

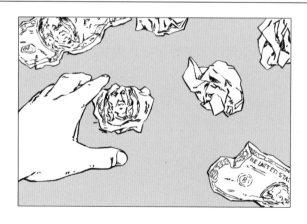

그림 2-12 ▶ 20세기 초반 독일의 정부부채 비율 변화 추이(GDP 대비)

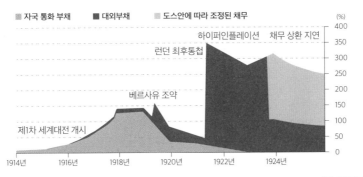

출처: 브리지워터

품 공급이 원활하지 않아 공급 부족으로 인플레이션이 시작됐다고 보는 거죠. 제1차 세계대전 때까지는 금 태환을 중심으로 은행권 남발을 적극적으로 방지해왔지만, 1914년 제1차 세계대전 이후 통제가 느슨해지면서 1920년대 초 하이퍼인플레이션의 원인을 제공했다는 비판을 받고 있습니다.

그보다는 대규모 전쟁 배상금이 하이퍼인플레이션의 불길을 댕겼다고 보는 견해가 훨씬 설득력이 있습니다. 전쟁에서 승리한 영국, 프랑스, 미국 연합국이 1919년 1월 파리 강화회의에서 독일에 1,320억 금화 마르크(오늘날 4,000억 달러 수준)라는 과도한 전쟁 배상금을 부과했습니다. 독일이 다시는 전쟁을 일으지 못하도록 중벌을 가한 것이지요.

독일 정부는 1921년부터 연간 20억 마르크씩 66년 동안 연합국에 지급하기로 합의했습니다. 이후 가혹한 전쟁 배상금을 금이나 외화로 마련하는 과정에서 독일 마르크화의 가치가 절하되어 수입물가가 상

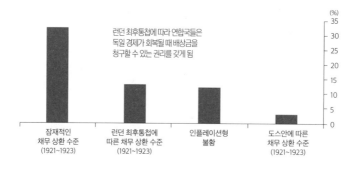

그림 2-13 ➤ 1920년대 독일의 연간 대외채무 상환 비율(GDP 대비)

런던 최후통첩에 따라 연합국들은
독일 경제가 회복될 때 배상금을
청구할 수 있는 권리를 갖게 됨

잠재적인
채무 상환 수준
(1921~1923)

런던 최후통첩에
따른 채무 상환 수준
(1921~1923)

인플레이션형
불황

도스안에 따른
채무 상환 수준
(1921~1923)

출처: 브리지워터

그림 2-14 ➤ 20세기 초반 독일의 환율, 음식료 가격, 소지자물가 추이

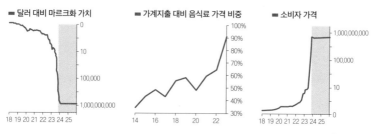

■ 달러 대비 마르크화 가치   ■ 가계지출 대비 음식료 가격 비중   ■ 소비자 가격

출처: 브리지워터

승했습니다. 독일 정부가 배상금을 마련할 수 있는 방법은 화폐를 찍
어내는 것밖에 없었기 때문입니다. 중앙은행이 갖고 있는 금이 바닥났
음에도 화폐를 계속 찍어서 이 돈으로 시장에서 금이나 실물자산을 사
서 배상금을 지불했다는 겁니다. 시간이 지나면서 사람들이 정부가 화
폐를 마구 찍어내고 있다는 것을 눈치챘고, 많은 사람이 마르크를 던
지고 달러나 파운드로 환전을 하면서 환율이 급격히 약세를 보였습니
다. 이후 수입물가가 상승하고 음식료를 비롯한 전반적인 소비자물가

가 급등하는 하이퍼인플레이션으로 연결될 수밖에 없었습니다. 그에 따라 종전 직후 불과 1년 남짓한 기간에 물가가 5배나 치솟았습니다. 그러자 물가가 더 오르기 전에 필요한 물건을 마련해두고자 너도나도 사재기를 했고, 결국 물가가 치솟으면서 1923년에는 1914년 초보다 무려 7,000억 배나 뛰어버렸습니다.

달걀 1개의 값이 0.008마르크에서 800억 마르크로, 소고기 1킬로그램의 가격이 1.75마르크에서 5조 6,000억 마르크로 뛰어올랐습니다. 독일 바이마르 정부는 물가를 감당하기 위해 돈의 액면가를 점점 올렸는데, 1923년 물가가 절정에 달했을 때는 1조 마르크 동전까지 발행했다고 합니다. 액면가로는 역대 최고였지만 달걀 1개 정도밖에 살 수 없었습니다.

케인스는 『평화의 경제적 결과』라는 책을 통해 과도한 배상금은 독일 경제를 파멸시켜 전체주의 국가로 만들 것이라고 비판하기도 했습니다. 독일 바이마르 정부는 배상금을 1차로 35억 금화 마르크만 지급했고, 이후 지급 불능을 선언했습니다. 승전국들은 하이퍼인플레이션으로 경제가 마비된 독일의 공산화 가능성을 느끼며 긴장했고, 이에 따라 배상금을 축소함과 함께 독일에 대한 차관을 확대하고 경제 회복을 지원하기로 합의했습니다.

바이마르 정부는 기존 1조 마르크를 새로운 1마르크, 즉 렌텐마르크Rentenmark로 바꾸는 화폐개혁을 단행했습니다. 이 한 번의 화폐개혁으로 도저히 잡을 수 없을 것 같던 하이퍼인플레이션이 잡히기 시작했습니다. 바이마르 정부가 렌텐마르크를 금과 연동해서 발행량을 철저히 통제한 덕분에 화폐 가치에 대한 시장의 신뢰가 회복됐기 때문입니다. 그러나 장기적으로 독일 통화에 대한 안정성을 확보하고 경제를 회복시키는 데 기여한 렌텐마르크의 성공은 독일을 둘러싼 복잡한 정치적·경제적 이슈들에 대한 합의가 있었기 때문이라고 볼 수 있습니다.

20세기 초 독일 바이마르공화국 사례는 전쟁 후 경제가 혼란스러운 상황에서 무리한 배상금 상환 요청을 거부하기 위해 독일 중앙은행이 일부러 하이퍼인플레이션을 조장한 것이라는 주장도 있습니다. 특히 제1차 세계대전 이전부터 라이히스방크 총재를 역임했던 루돌프 하펜슈타인Rudolf Havenstein은 독일이 공산화되는 것보다는 인플레이션이 낫다고 생각했다고 합니다. 낮은 금리로 어음할인을 하면서 유동성을 계속 공급한 결과 물가가 급등한 겁니다.

어쨌든 하이퍼인플레이션 사건이 오히려 배상금 조정과 연합국의 금융 지원으로 연결되면서 독일이 경제력을 빠르게 회복하는 계기가 됐습니다. 그런 한편으로, 하이퍼인플레이션으로 평생 모은 재산을 잃어버린 독일 국민들이 강력한 권위주의 정치 체제에 휩쓸리게 되는 계기 또한 됐습니다.

통화 가치의 안정화: 새로운 배상금 협약과 화폐개혁

1920년대 하이퍼인플레이션을 겪은 독일은 렌텐마르크라는 새로운 화폐를 발행하면서 대규모 화폐개혁을 단행했습니다. 하지만 독일이 실제적인 금과 은을 거의 보유하지 못했기 때문에 불태환 화폐(금·은 등의 태환을 조건으로 발행된 통화가 아닌 정부의 신용도를 기반으로 지정된 화폐)인 렌텐마르크가 안정적인 통화 체제를 유지할 것으로 확신하기 어려웠습니다. 또한 만성적인 대규모 적자와 대규모 배상금 의무 등의 압박이 있었기 때문에 독일은 항상 불충분한 신용이라는 위험한 상태로 남아 있었습니다.

이러한 문제들은 1924년 독일의 새로운 배상 협약이 체결되고 새로운 화폐로 라이히스마르크Reichsmark가 도입되면서 개선되기 시작했습

그림 2-15 ➤ 독일의 화폐개혁(렌텐마르크와 라이히스마르크)

니다. 독일 중앙은행인 라이히스방크는 새로운 총재인 얄마르 샤흐트 Hjalmar Schact의 지휘 아래 신용 거래를 제한하고 높은 이자율을 유지하면서 정부의 균형 예산 정책을 지원했습니다. 이는 새로운 배상 협약인 도스안Dawes Plan과 함께 독일의 재정 상태에 숨통을 틔워주었습니다.

　미국이 은행 컨소시엄을 통해 2억 달러의 대출을 제공하면서 독일이 경화를 보유할 수 있게 지원해주었고, 독일의 연간 배상액은 25억 라이히스마르크 정도의 적절한 수준으로 고정됐습니다. 그동안 계속된 자본 유출로 독일에 금이 부족했기 때문에 미국의 대출은 환율 폭등과 하이퍼인플레이션을 통제하는 데 중요한 역할을 했습니다. 또한 도스안에 따라 채무 불이행default(디폴트)에 대한 징벌로 독일을 장악하려는 정책들이 포기됐다는 점도 중요하게 작용했습니다.

1930년대 얄마르 샤흐트의 경기 부양책

독일은 1930년대 전 세계적인 혼란의 와중에 '화폐는 법의 산물이다' 라는 게오르그 크나프Georg Knapp의 『화폐국정론The State Theory of Money』(1905)에서 반드시 금이 많아야만 화폐 제도가 발전하는 것은 아니라는 아이디어를 얻었습니다. 『화폐국정론』은 독일이 빠르게 금본위제에서 이탈해서 금리를 인하하고 독자적인 재정정책을 사용하는 데 이론적인 기반을 제공했습니다. 얄마르 샤흐트 총재를 중심으로 1932~1938년 독일은 두 자릿수 경제 성장과 놀라운 국민소득 증가를 이루었습니다.

1936년 헤르만 괴링Hermann Göring의 중앙은행법 개정으로 정부 통제권 강화를 시도하고, 1939년 중앙은행법이 개정되면서 중앙은행의 국가 정책 종속론으로 변질할 때까지 샤흐트의 독일 연방중앙은행은 1930년대 독일의 경제 성장에 핵심적인 동력을 제공한 것으로 평가받고 있습니다.

1923~1930년 라이히스방크 총재를 역임한 얄마르 샤흐트는 1933년 히틀러 정권이 탄생한 후 다시 총재로 임명됐고, 1934년엔 경제부 장관을 겸임했습니다. 샤흐트의 대공황 대책을 '네오플랜Neo Plan'이라고 부릅니다. 이는 정부가 필요로 할 경우 상거래·무역·관세·투자·자본 시장·외환 거래 등을 정부가 직접 통제할 수 있는 비상 권한을 갖는 것을 말합니다.

샤흐트는 1920년대 후반 고용 창출로 이어지는 생산적인 영역이 아니라 주식 투자 등 비생산적인 영역에 너무 많은 돈이 공급돼 버블을 낳았고 대공황이 발생했다고 진단했습니다. 따라서 경제를 생산적인 영역과 비생산적인 영역으로 구분하여 비생산적인 곳으로 돈이 흘러가는 것을 억제했습니다. 대신 아우토반(고속도로) 건설, 산림녹화, 주택 개량, 황무지 개간 등 고용 창출이 이뤄지는 영역에는 적극적으로 자금을 지원했습니다.

또한 대규모 경기 부양에 필요한 자금을 중앙은행의 정부 채권 매입을 통해 공급하면서 기존 경제학의 통념을 뛰어넘기도 했습니다. 대규모 경기 부양은 국가의 재정 상태를 악화시킨다는 기존 상식을 뒤집는 일이었습니다.

고용 창출을 위해서 공공 투자를 확대해야 하지만, 극심한 인플레이션과 열위한 재정 상황에 시달리고 있던 독일은 미국처럼 공격적으로 통화량을 늘릴 수 없었습니다. 이에 샤흐트는 라이히스방크 아래 페이퍼컴퍼니Paper Company를 설립하고, 이 회사 이름으로 대규모 채권을 발행해서 자금을 조달했습니다. 이 채권은 사실상 중앙은행이 발행하고 독일 정부가 지급을 보증한 채권이지만 정부의 채무로 잡히지 않았습니다. 결국 이렇게 자금을 조달하여 공공사업에 투자하고 고용을 창출할 수 있었습니다.

샤흐트는 비상 권한을 통해 임금과 물가도 통제할 수 있었습니다. 그 덕에 통화량이 확대됐음에도 1920년대 초반과 같은 인플레이션이 발생하진 않았습니다. 또한 시중은행들의 구조조정을 강제하면서 지방정부와 은행들의 부실화도 적절히 통제할 수 있었습니다.

국제수지에서도 관세 장벽을 높이면서 만성적인 무역적자를 해결할 수 있었습니다. 수입을 억제하면서 농민과 중소기업을 보호해 실업률 상승을 막을 수 있었고, 동유럽·남미·아프리카 국가들과 개별 협정을 통해 원자재 수입 대금을 마르크화로 결제하는 수완을 발휘했습니다.

샤흐트의 경제정책은 일본의 1930~1940년대 경제정책에 많은 영향을 주었습니다. 일본에서는 1930년대 다카하시 고레키요高橋是清의 '헬리콥터 머니' 정책이 경제 회복을 도왔습니다. 쇼와공황을 탈출하기 위해 다카하시는 1931년 12월부터 1936년까지 재정과 금융을 동원한 경기 부양책을 시도했습니다. 53개월에 걸쳐 GNP 대비 10% 이상의 재정지출과 일본은행의 채권 매입으로 일본 경기는 반등에 성공하고 디플레이션에서 탈출했습니다. 중앙은행은 채권 시장에서 채권 보유 비중을 10% 가까이 확대하며 재정정책을 지원했습니다.

그림 2-16 ➤ 일본은행의 국채 매입으로 성과를 거둔 다카하시의 헬리콥터 머니

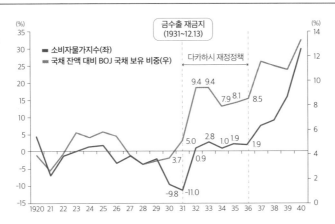

출처: 「일본금융경제연구」 제40호 재인용

그림 2-17 ➤ GNP 대비 10%대의 재정지출 수반

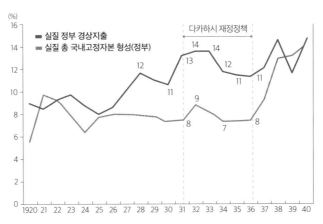

출처: 「일본금융경제연구」 제40호 재인용

제2차 세계대전 이후 독일에는 왜 하이퍼인플레이션이 없었을까?

1945년 제2차 세계대전에서 패망한 독일은 왜 1920년대와 같은 하이퍼인플레이션을 겪지 않았을까요? 두 번 모두 전쟁 시기 인플레이션을 야기할 만큼 방만한 통화 발행으로 통화량 급증이 있었음에도 1920년대와 1940년대 정부의 대응이 완전히 달랐기 때문인 것으로 판단됩니다.

1948년 독일에는 새로운 화폐가 필요했습니다. 15년 동안 정권을 잡고 있던 나치당이 제2차 세계대전에서 패전하면서 라이히스마르크는 가치가 떨어질 대로 떨어져 화폐 가치를 상실한 것이나 다름없었기 때문입니다. 나치는 정권을 잡고 있던 1930년대에 고용 프로그램과 전시경제에 필요한 자금을 마련하기 위해 화폐 발행량을 늘렸고, 그 여파로 심각한 인플레이션이 발생했습니다. 사람들은 물물교환 방식으로 거래를 했고 상점의 담배, 밀, 초콜릿이 화폐 역할을 대신했습니다. 상점 진열대는 텅 비어갔고 국민은 화폐개혁이 단행되기를 기다리고 있었습니다.

나치 정권은 인플레이션을 억제하기 위해 엄격한 가격 통제 및 가격 동결 정책을 추진했습니다. 그러나 가격 동결은 미봉책에 불과했습니다. 가격을 동결하거나 수돗물을 잠그듯 강압적으로 가격을 통제해도 결국 인플레이션이 발생했기 때문입니다. 그러니 전후 라이히스마르크의 가치가 급속도로 떨어진 것은 놀랄 일이 아니었습니다.

1948년 6월 20일 드디어 화폐개혁이 시작됐습니다. 명목 가치 57억 도이치마르크Deuschemark, 총중량 500톤 상당의 은행권 지폐가 시중에 풀렸습니다. 식량 배급소 앞에는 수백만 명의 독일인이 길게 줄을 서서 식량 배급표를 제시하고 기존의 라이히스마르크를 새로운 화폐 도이치마르크로 바꿨습니다. 예금액이 있는 경우 라이히스마르크 대 도이치마르크를 10대 1의 비율로 교환했습니다. 이런 상황에서는 기존의 현금이 많을수록 손해였습니다. 이렇게 하여 시중에 유통되던 구화폐 라이히스마르크의 94%가 회수됐고, 현금자산 중 예금액은 6.5%만 남았습니다.

패전국으로 가난에 시달리던 독일은 이렇게 도이치마르크로의 화폐개혁이 대성공을 거두면서 비로소 경제 기적을 이룰 수 있었습니다. 상점의 진열대에 물건이 다시 채워졌고, 비로소 돈을 주고 물건을 살 수 있었습니다. 이때 독일 경제를 이끈 사람이 루트비히 에르하르

그림 2-18 ▷ 독일 경제 회복을 이끈 루트비히 에르하르트 총리

트^{Ludwig Erhard} 총리입니다. 라이히스마르크는 잘못된 금융정책으로 이미 화폐의 가치를 상실했고 회생이 불가능한 상태였습니다. 화폐개혁이 없었다면 독일 연방공화국은 정상적인 출범이 불가능했을 것입니다.

1950년대에 도입된 도이치마르크가 자리를 잡은 덕에 독일 경제에 기적의 초석이 다져질 수 있었습니다. 전쟁이 끝난 지 20년도 채 안 되어 독일은 경제 강국의 반열에 올랐고, 독일의 경제 모델은 다른 나라의 모범이 됐습니다. 도이치마르크는 유럽경제연합^{EU}이 출범하고 유로화가 등장할 때까지 미국의 달러에 이어 가장 신뢰도 높은 통화로 자리 잡았습니다.

1948년 도이치마르크의 도입이 처음부터 순조롭지는 않았습니다. 물가와 실업률은 상승했지만 임금은 그대로였기에 국민의 불만이 가득할 수밖에 없는 상황이었습니다. 연합국 점령 지역에서는 상점 불매 운동과 대규모 시위가 일어났고, 1948년에는 통화개혁과 에르하르트의 경제정책에 반대하는 총파업이 발생했습니다. 정부의 경제정책은 소액 예금자가 대부분인 국민 입장에서는 사실상 재산을 몰수하는 것과 다를 바 없었기 때문입니다.

국민의 분노는 쉽게 가라앉지 않았습니다. 노조에서는 에르하르트를 두고 '경제 독재자'라며 맹렬히 비판했습니다. 하지만 그는 끈질기게 버텼습니다. 임금 동결 조치가 총파업 이전에 철폐된 덕분에 1949년 봄이 되자 물가가 하락하기 시작했고, 도이치마르크가 평가절하되면서 수출 경기도 호황을 이뤘습니다.

1950년대에 이르러 비로소 본격적으로 시작된 경제 기적은 여러 가지 복합적인 요인이 어우러져 나타난 성과였습니다. 마셜 플랜, 자유무역 붐, 탄력적인 노동 공급, 독일 경제의 높은 생산성, 시장 경제의 충격 요법 같은 흐름을 타고 상승효과가 일었고 1950년대 중반에는 한국전쟁의 여파로 투자재 및 생산재 수요가 증가하면서 '코리아 붐' 덕을 톡톡히 봤습니다.

1945년 독일의 중앙은행 라이히스방크의 운영이 중지되고, 지방분권적인 랜더방크Bank Deutscher Länder가 서독의 중앙은행 역할을 하게 됐습니다. 랜더방크는 중앙집권적이 아니라 주마다 하나씩 설립된 연방제 중앙은행이었기 때문에 법적으로 독립되어 있었고, 따라서 서독 전체

그림 2-19 ▸ 분데스방크에서 발행한 화폐들

의 경제 회복에 크게 기여하기 어려웠습니다. 이에 1957년 연방중앙은행인 분데스방크$^{Deutsche\ Bundesbank}$가 설립되면서 독일 중앙은행의 전통을 이어가게 됐습니다. 은행권 발행을 독점하고 금융정책을 관할하는 분데스방크는 과거 바이마르공화국과 나치 정권 당시 정부에 종속됐던 중앙은행의 경험을 반복하지 않기 위하여 연방정부에 대한 독립성이 강한 것으로 널리 알려져 있습니다.

유사시 중앙은행은 정부의 영향력에서 독립적이기 어렵다

영국의 중앙은행과 미국의 연방준비제도는 설립될 때부터 정부의 방만한 재정지출을 억제하기 위해 만들어졌기 때문에 '인플레이션 파이터(inflation fighter)'라는 전통이 강했습니다. 그러나 정부의 힘이 강력해진 이후 경제가 급격히 악화된 상황에서는 어쩔 수 없이 정부에 종속되곤 했습니다.

반면 독일 중앙은행은 처음부터 정부의 경제정책을 지원하기 위해 설립됐기 때문에 정부와 밀접한 관련을 맺어왔습니다. 20세기 초 바이마르공화국 당시 하이퍼인플레이션도 중앙은행의 독단적인 대책이라기보다는 정부의 의중이 담겼다고 판단됩니다. 그러나 1920년대 하이퍼인플레이션과 1930~1940년대 나치당에 의한 극단적인 재정의 화폐화 시대를 지나면서 독일 중앙은행은 정부와 다른 독립적인 입장을 유지할 수 있었습니다.

미국 시장을 볼 때 많이 사용하는 물가지표 네 가지

● 소비자물가지수(Consumer Price Index, CPI)

미국에서 가장 널리 사용되는 물가지수로, 대표적인 도시 가구가 구매하는 재화와 서비스의 비용이 시간의 흐름에 따라 얼마나 변화하는지를 측정하기 위해 만들어진 것입니다. 미국 도시에 거주하는 대표적인 4인 가구의 소비를 대표할 수 있는 시장 바구니의 구매 비용을 조사함으로써 계산됩니다.

2021년 1월 현재 미국 CPI의 구성을 보면 주거비 42%, 운송비(자동차 연료비와 교통비) 15%, 음식료비 15%, 의료비 9%, 교육·통신비 7%, 문화생활비 6%, 의류비 3% 등으로 나타납니다. 2020년 국제유가가 급락하면서 운송비가 급락한 후 아직 회복되지 않고 있으며, 의류비 지출도 크게 감소했습니다. 그 외 의료비와 음식료 지출은 오히려 증가했으며, 주거비가 소폭 감소했습니다.

<미국 소비자물가지수 바스켓 내 비중과 상승률 추이>

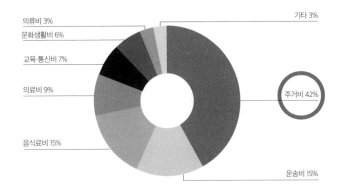

의류비 3%
문화생활비 6%
교육·통신비 7%
의료비 9%
음식료비 15%
기타 3%
주거비 42%
운송비 15%

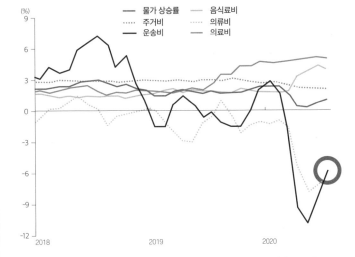

(%)

물가 상승률   음식료비
주거비   의류비
운송비   의료비

9
6
3
0
-3
-6
-9
-12

2018   2019   2020

출처: Bureau of Labor Statistics

● 핵심소비자물가지수(Core-Consumer Price Index, Core-CPI)

소비자물가지수에서 '식료품 및 에너지를 제외한 지수'로, 외부 환경 요인에 민감한 식료품 지수와 에너지 지수를 제외한 것입니다. 식품과 에너지는 공급이 비탄력적이기 때문에 가격의 급변동 가능성이 큽니다. 이에 식품과 에너지를 제외한 품목으로 작성한 소비자물가지수를 '핵심소비자물가지수'라고 하며, '근원물가지수'라고도 합니다.

● 개인소비지출(Personal Consumption Expenditure, PCE)

개인 소비자가 재화와 용역에 대해 지불한 가격을 측정하는 지표로, 연준 통화정책의 기준이 되는 물가지표입니다. 메디케어 항목에서 CPI는 개인이 내는 의료비 항목만 반영하는 데 비해 PCE는 고용주가 내는 금액까지 반영합니다. 또한 품목에서도 실제 소비자의 주머니에서 나간 항목들 위주로 커버하는 CPI와 달리 PCE는 보다 세분화되어 있으며, 업데이트 주기가 더 짧아서(CPI는 2년, PCE는 분기별) 소비 패턴 변화를 빠르게 반영합니다. 따라서 개별 경제 주체의 관점에서 CPI가 중요하고 보편적이지만 연준의 통화정책은 PCE를 기준으로 합니다. 연준의 타겟은 Core PCE(식품과 에너지를 제외한 PCE) 2% 수준으로, 이를 달성하기 위해 제로 금리를 유지할 전망입니다.

● 생산자물가지수(Producer Price Index, PPI)

생산자가 구매하는 대표적인 재화와 서비스 바구니의 구매 비용을 측정하는데 이 바구니에는 철강, 전기, 석탄 등의 원자재들이 포함됩니다. 원자재 생산자들은 수요 증가를 감지할 경우 비교적 신속하게 가격을 인상하기 때문에 생산자물가지수는 소비자물가지수에 비해 인플레이션이나 디플레이션 압력에 더 신속하게 반응하는 경향이 있습니다. 그런 점에서 생산자물가지수는 인플레이션율 변화에 대한 '조기 경보'로 간주되기도 합니다.

미국 인플레이션과 금리, 연준의 역사

지난 120년 동안 미국의 인플레이션과 금리는 어떻게 움직였나

미국 인플레이션율과 국채금리의 추이

폴 볼커[Paul Volcker] 전 연준 의장이 단기 금리를 20%까지 올렸던 1980년 이래 약 40년간 미국은 인플레이션 통제에 성공했고, 미 국채금리는 지속적으로 하락해왔습니다. 그러나 코로나19 사태 이후 전 세계 중앙은행들이 경제 충격에 대응해 화폐를 엄청나게 증발[增發]하면서 인플레이션에 대한 우려를 키우고 있습니다. 미국에서도 1970년대 10%를 넘는 높은 인플레이션율과 경기 침체를 경험한 지 약 40년 만에 다시 심각한 인플레이션이 돌아올지 모른다는 불안감이 커지고 있습니다.

1960년 이전까지 미국에서 인플레이션은 특별한 현상이었습니다.

1860년대 초반 남북전쟁이 끝난 이후부터 20세기 초반 제1차 세계대전까지 미국의 물가 상승률은 낮게 유지됐습니다. 1860년대 중반 할머니가 먹던 빵이나 1910년대 초반 손녀가 먹는 빵의 가격이 큰 차이가 나지 않았다는 얘기입니다. 오히려 어떤 물건은 남북전쟁 이전보다 가격이 더 떨어지기도 했다고 합니다. 1950년대까지 미국의 인플레이션은 오랫동안 안정적인 물가 수준이 지속되다가 전쟁 등에 의해 일시적으로 발생하는 이벤트의 성격이 강했습니다. 전쟁이 끝나면 생필품 가격은 인플레이션이 휩쓸고 가기 이전 수준으로 되돌아가거나 그보다 더 떨어지곤 했습니다.

1900년 이후 지난 120년간 미국에서는 세 번의 인플레이션율 급등 기간이 있었고, 국채금리는 한 번의 급등 기간이 있었습니다. 제1·2차 세계대전 이후의 인플레이션율 급등은 경기 회복과 함께 왔기 때문에 좋은 인플레이션, 1970년대 인플레이션율 급등은 경기 침체와 함께 왔기 때문에 스태그플레이션, 즉 나쁜 인플레이션이라고 합니다. 1980년

그림 3-1 ▶ 미국 물가 상승률(1860~2020)

자료: 세인트루이스 연방준비은행

그림 3-2 ▶ 1871년 이후 미국 10년만기 국채금리의 움직임

출처: 세인트루이스 연방준비은행

이후 인플레이션율과 금리는 약 30년간 하락했고, 2008년 서브프라임발 글로벌 금융위기로 대규모 유동성이 풀렸음에도 10년간 저물가와 저금리가 계속됐습니다.

그런데 2020년 코로나19 사태로 더 많은 돈이 금융 시장에 풀리면서 이제 40년 만에 인플레이션율과 금리가 다시 급등하는 것 아닌가 하는 불안과 두려움이 생겨난 거죠. 과연 오랫동안 하락했던 인플레이션율이 조만간 상승 반전하면서 미국 국채금리가 추세적으로 상승할까요? 지금 현금을 버리고 실물을 사놓아야 할까요?

인플레이션율과 미 국채금리 상승 우려에 대한 이와 같은 논쟁이 치열하게 전개되고 있습니다. 각각의 주장을 이해하기 위해서는 과거 미국의 인플레이션과 금리가 어떻게 움직였는지, 어떤 일들이 영향을 미쳤는지 상세히 들여다 볼 필요가 있습니다.

〈그림 3-3〉은 지난 120년간의 미 국채금리와 인플레이션

그림 3-3 ➤ 1900년 이후 120년간 미국 10년만기 국채금리의 움직임

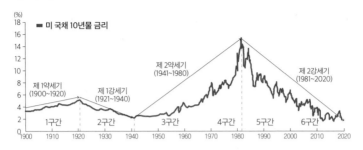

출처: 세인트루이스 연방준비은행

추이인데요. 1900년 이후 미국 채권금리의 흐름은 6개 구간으로 나눠볼 수 있습니다. 1구간은 1900~1920년으로, 1907년 공황으로 미국 연준이 설립(1914년)됐고, 제1차 세계대전으로 인플레이션율이 급등하면서 미국 금리는 3%에서 5%까지 상승했습니다. 2구간인 1921~1940년은 제1차 세계대전 이후부터 제2차 세계대전 발발 직전까지로, 대공황으로 인플레이션이 발생하면서 미국 금리는 5%에서 1.9%까지 하락했습니다.

3구간은 1941~1965년으로, 제2차 세계대전 발발로 인한 전시통제 경제에 따라 금리를 통제했던 때부터 린든 존슨 대통령이 미국의 '위대한 사회'를 선언하고 베트남전쟁에 참여하기 시작할 때까지이며 금리는 점진적으로 5% 수준까지 상승했습니다. 4구간은 1966~1980년으로, 미국의 금리 역사상 가장 심각한 인플레이션과 금리 상승을 기록한 시기입니다. 5구간은 1981~2007년으로 미국 금리는 인플레이션의 안정과 함께 추세적인 하락을 기록했습니다. 6구간인 2008~2020년은

서브프라임발 글로벌 금융위기가 발생한 이후 물가 상승률이 2% 전후 수준에서 횡보하고 저금리 상황이 계속됐습니다. 그 와중에 2020년 코로나19 사태가 발생하면서 제로 금리와 양적완화Quantitative Easing, QE가 재개됐고, 중앙은행의 정부에 대한 직간접적인 지원이 노골적으로 시작됐습니다. 각각의 기간에 있었던 사건을 살펴보면서 그 사건들이 시대별로 인플레이션과 금리에 미친 영향을 분석해보고자 합니다.

연준 의장을 중심으로 살펴본 금리와 통화정책의 변화

인플레이션과 금리를 분석할 때, 시대별 연준 의장을 중심으로 미국 금리 추이와 통화정책의 변화를 분석하는 것도 좋은 방법입니다.

그림 3-4 ▶ 연준 의장 시기별 기준금리와 미 국채 10년물 금리 추이

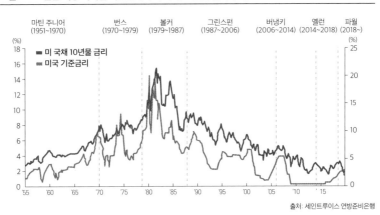

출처: 세인트루이스 연방준비은행

1914년 미국 연방준비위원회 제도가 만들어진 이후 미국 중앙은행은 재무부 아래 종속되면서 재무부의 정책에 좌우됐습니다. 1950년까지 연준은 재무부와 다른 목소리를 낼 수 없었습니다. 연준을 재무부와 분리하는 데 공헌한 사람이 바로 매리너 에클스[Marriner Eccles](1937~1947)입니다. 이후 윌리엄 맥체스니 마틴 주니어[William McChesney Martin Jr.](1951~1970), 아서 번스[Arthur Burns](1970~1979), 폴 볼커(1979~1987), 앨런 그린스펀[Alan Greenspan](1987~2006), 벤 버냉키[Ben Bernanke](2006~2014), 재닛 옐런[Janet Yellen](2014~2018), 제롬 파월(2018~현재)로 이어지는 연준 의장과 시기별 통화정책의 특징과 변화도 함께 제시해보려 합니다.

1900~1950년대
인플레이션과 금리

1940년대 이전
인플레이션과 금리

1900년 이전 미국의 인플레이션과 금리

1900년 이전 미국은 1860년대 초반 남북전쟁 당시 그린백 지폐를 남발하면서 인플레이션이 극심했을 때를 제외한다면 낮은 물가 상승률을 유지했습니다. 특히 1880년에서 1910년까지 30년간은 높은 경제 성장률에도 낮은 물가 수준을 유지하면서 골디락스 상태를 유지했다고 알려져 있습니다.

좀더 세부적으로 보면 1860년부터 1865년까지는 남부와 북부 모두 지폐를 남발하면서 인플레이션율이 급등했고, 1865년부터 1880년은

그림 3-5 ▶ 1860~1925년 누적 물가 상승률(1860=1 기준)

골디락스(고성장에도 저물가 시대)

출처: 세인트루이스 연방준비은행

남북전쟁 이후 그린백 지폐의 양을 줄이고 금 태환으로 복귀하면서 물가가 하락하는 급격한 디플레이션 흐름을 보였습니다. 이후 1880부터 1896년까지 15년 동안에도 인구기 폭발적으로 증가하는 가운데 화폐 유통량이 재화 유통량을 따라잡지 못함으로써 물가가 소폭 하락하는 약한 디플레이션의 모습을 보였습니다. 그러나 1896년 이후 1914년 제1차 세계대전 전까지 약 20년 동안은 미국 콜로라도와 알래스카, 캐나다와 남아프리카에서 새로운 광산들이 개발되고 금이 쏟아져 들어오면서 물가가 소폭 상승했습니다. 1880년부터 1914년까지 높은 경제성장률에도 낮은 물가 상승률이 지속된 이 시기를 '골디락스'라고 합니다.

1900~1920년: 연준 창설과 제1차 세계대전

1900~1920년은 1907년 공황으로 미국 연준이 만들어진 시기로, 20년간 금리는 3%에서 5%까지 상승했습니다. 1914년 연준 창설 이후 금리가 하락세를 보였으나, 제1차 세계대전 참전 이후 전쟁국채 발행 등으

그림 3-6 ▶ 미 국채금리의 상승을 견인한 물가 상승률

출처: 세인트루이스 연방준비은행

그림 3-7 ▶ 미 국채금리와 기준금리 추이

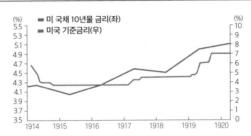

출처: 세인트루이스 연방준비은행

로 시장 금리는 상승세를 보였습니다.

물가 상승률은 1915년까지는 1~2% 수준이었지만 1916년 말 10%를 넘어 1917년부터는 20%까지 급등하기도 했습니다. 특히 제1차 세계 대전 종전 이후 크게 상승했는데도 미국 인플레이션율 최고치는 1918 년에 기록한 20.4%로, 연준이 재할인율을 인상하면서 인플레이션에 대응하기도 했습니다.

소비자물가지수가 처음 만들어진 1913년 이후 지수가 6개월 이상 상승세를 지속한 적은 많지 않습니다. 미국이 제1차 세계대전에 참전하면서 높은 인플레이션율이 22개월 동안 지속됐으나, 정부의 임금 및 물가 관리 정책으로 안정화됐습니다.

그런데 장기 금리는 상대적으로 안정적이었습니다. 단기 금리^{CP}는 보통 4~5%를 유지하다가 금융 공황이나 전쟁 등이 발생하면서 6~8% 까지 상승하는 모습을 보였습니다. 장기 금리는 10년물 국채금리가 3~4%에서 4~5%로 상대적으로 안정적인 모습을 보였습니다.

1921~1940년: 1930년대 대공황으로 디플레이션의 시대를 맞이하다

1921~1940년은 제1차 세계대전 이후부터 제2차 세계대전 발발 직전 까지로, 이 기간 미 국채 10년물 금리는 5%에서 1.9%까지 하락했습니다. 1920년대 단기적인 물가 상승과 금리의 소폭 상승이 있었지만, 1920년 연말을 기점으로 물가 급락과 함께 금리가 하락하여 1940년 말 1.97%에 도달했습니다. 이는 2010년대 이전까지 최저 수준의 금리였습니다.

물가 상승률은 1920년대 초반 마이너스를 기록하기도 하는 등 1920 년대 전반적으로 1% 전후의 낮은 물가 수준을 유지했습니다. 그러나 대공황을 전후로 마이너스 폭이 커지면서 디플레이션으로 빠져들었습니다. 1933년까지 계속된 마이너스 4~5% 수준의 물가 상승률은 루스벨트 대통령의 뉴딜 정책이 시작되면서 플러스로 반전됐다가, 1938 년 미국 경제가 더블딥^{double dip}(경기 침체에서 일시 회복됐다가 다시 침체되는 이중 침체 현상)에 빠지면서 1940년 제2차 세계대전에 참전할 때까지 마이너 스 상승률이 계속됐습니다.

1920년대 미국의 금리가 낮게 유지된 것은 1920년대 초반 인플레이션에서 디플레이션으로 빠르게 진입한 것과 유럽과의 관계가 영향을 미쳤습니다. 1920년대 중반에는 금이 미국으로 끊임없이 유입됐기 때문에 유럽 국가들은 경제 회복에 필수적인 자본의 부족 현상에 시달려야 했습니다. 제1차 세계대전으로 무너진 국제 금융 체제를 회복하기 위해서 영국을 비롯한 유럽 각국은 금을 확보하고자 여러 가지 방

그림 3-8 ➤ 1920~1940년 미국 금리 하락기

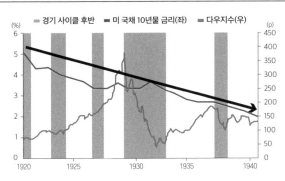

출처: FRED, NBER

그림 3-9 ➤ 1920년대 신용 팽창

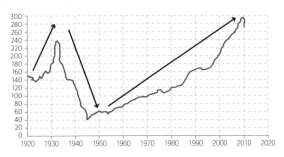

출처: FRED, NBER

법을 모색했고, 미국도 유럽의 회복을 적극적으로 지원했습니다.

이에 따라 뉴욕 연방준비은행 총재이자 실질적인 연준의 리더였던 벤저민 스트롱Benjamin Strong은 미국 시장의 금리를 최대한 낮추어 유럽 자본이 대서양을 건너 미국으로 유입되는 것을 막아야 했습니다. 반면 미국은 저금리가 버블을 만들 수 있다는 딜레마가 우려되던 상황이었습니다. 실제로 연준이 금리를 인하한 후 많은 자금이 브로커리지론brokerage loan 등의 증권 시장으로 몰리면서 마침 호황을 보이던 증시에서 버블을 야기하는 부작용을 낳았습니다. 투기 열풍이 심상치 않다는 것을 느낀 스트롱은 이를 진정시키기 위해 1928년 세 번에 걸쳐 재할인율을 5%까지 인상했고 통화 공급도 줄였습니다.

밀턴 프리드먼Milton Friedman의 『대공황 1929-1933년』에 따르면, 당시 연준을 실질적으로 이끌었던 벤저민 스트롱이 1929년 10월 사망하면서 연준은 대공황이란 급박한 순간에도 인상했던 재할인율 5%를 그대로 유지하는 등 무기력하게 대응했다고 합니다. 이러한 긴축 정책은 대공황이 발생하면서 물가 하락과 경기 하강으로 이어졌습니다.

연준의 정책 실수는 그 뒤에도 계속됩니다. 1931년 9월에 영국의 스털링Starling 위기가 발생하면서 파운드에 대한 투기적 공격이 영국을 금본위제에서 이탈하게 했습니다. 이때 연준은 대외 유출에 대응하면서 재할인율을 10월 2.9%, 3.5%로 두 차례 인상했습니다. 이로 인해 금 유출은 중단됐지만, 약 522개의 상업은행이 파산하는 은행 시스템의 붕괴로 이어졌습니다. 또한 1932년 4월과 6월 상당한 규모의 채권을 매입하면서 주요 시장 금리가 하락하고 경기가 다소 안정화됐는데, 이

그림 3-10 ➤ 대공황 전후 급격히 감소한 통화량 추이(GDP 대비)

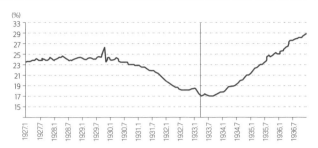

출처: 밀턴 프리드먼(1963)

그림 3-11 ➤ 1920~1940년대 미국 물가 상승률과 단기 금리 변화

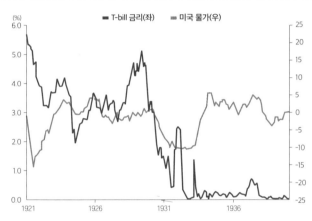

출처: 세인트루이스 연방준비은행

것을 보고 7월에 성급하게 채권 매입 프로그램을 중단함으로써 상황을 다시 악화시키기도 했습니다.

한편 1930년대의 단기 이자율은 제로(0)까지 하락하면서 확장적 통화정책을 시행할 여지가 거의 없어졌습니다. 만일 지난 10년간 명목금리가 2%인데 1%의 인플레이션율을 유지해왔다면 실질금리는 1%가

됩니다. 그런데 글로벌 금융위기가 발생해서 명목금리가 0%로 하락하고 인플레이션율이 1%가 된다면 실질금리는 -1%가 되겠죠. 이런 상황이라면 채권자들이 과연 돈을 빌려줄까요? 돈을 빌려주면서 오히려 손실을 보는 상황이라면, 과연 거래가 원활하게 성립될 수 있을까요?

이렇게 명목금리가 제로보다 낮아지기 어렵기 때문에 금리 정책을 사용하기 어려운 상황을 '유동성 함정liquidity trap'이라고 합니다. 대공황 당시 단기 금리가 제로 금리로 낮아지면서 디플레이션과 함께 유동성 함정의 문제가 제기된 것입니다. 1933년부터 1940년대 초반까지 미국의 통화정책은 제로 금리의 한계에 직면하여 유동성 함정에 빠져 있었습니다. 따라서 무기력한 통화정책보다는 공격적인 재정정책과 강력한 은행 구조조정을 통한 개혁에 집중할 수밖에 없었습니다.

1917년부터 1920년대 초반에 있었던 인플레이션 시대를 통해 차입을 통한 자산 확보가 높은 성과를 가져다준 것을 목격한 투자자들은 대규모 차입을 통한 투자(레버리지 투자) 전략을 선호했습니다. 인플레이션 시대를 이용하는 최선의 방법을 정확히 알고 있었기에 가능한 일이었습니다. 이에 따라 대공황 때까지 은행을 중심으로 엄청난 규모의 신용 팽창이 이루어졌고 기업가뿐 아니라 일반 가계에서도 이러한 스타일의 투자 버블이 만들어졌습니다. 그러나 1920년대 후반 공급 과잉으로 자산 가격이 급락하면서 대규모 차입을 했던 투자자들은 대공황의 시작과 함께 엄청난 위기에 직면하게 됐습니다.

허버트 후버Herbert Hoover 대통령은 신용 팽창의 도덕적 해이가 위기를 불러왔다고 인식하고, 대공황 초기 신용대출을 억제하는 디레버리징

정책을 펼침으로써 상황을 더욱 악화시켰습니다. 이때 프랭클린 루스벨트$^{Franklin Roosevelt}$ 대통령은 1933년 집권 후 바로 은행 구조조정을 단행하면서 방만했던 신용 대출의 관행을 개혁하려 했고, 1934년 글래스-스티걸법$^{Glass-Steagall Act}$을 통해 대공황의 원인 중 하나였던 상업은행들의 투자은행 겸업을 금지했습니다. 또한 증권거래를 규제하기 위해서 1934년에는 증권거래위원회^{SEC}를 만들었고 존 F. 케네디$^{John F. Kennedy}$ 대통령의 아버지인 조지프 P. 케네디$^{Joseph P. Kennedy}$(마피아와 결탁하고 밀수에도 깊숙이 관여했던 인물)를 초대 위원장으로 임명하기도 했습니다.

그러고 난 후 연방정부의 대규모 재정지출에 의한 경제 재가동에 나섰습니다. 바로 시장에 맡기지 않고 정부 주도로 수요를 관리하는 뉴딜 정책이죠. 이에 따라 재정적자와 정부부채가 급증하면서 미국 정부의 부채비율이 제2차 세계대전 이후 약 120%에 달하기도 했습니다.

이렇게 전반적인 물가가 하락하는 디플레이션 시기에는 차입자가

그림 3-12 ▶ 상업은행들의 투자은행 겸업 금지

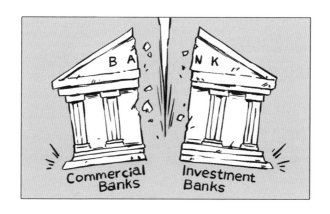

상환해야 하는 부채의 실질적인 부담이 증가해 손실이 커지는 반면, 채권자들은 실질적인 상환 이익이 커지게 됩니다. 이런 식으로 디플레이션은 차입자의 부를 채권자에게로 이전하는 역할을 하면서 경기 침체를 더욱 가속화하는데요. 차입자들이 부채를 상환하기 위해 지출과 투자를 급격히 축소하면서 경기를 더욱 악화시킨다는 얘기입니다. 채권자 역시 경기 상황이 좋지 않으니 자연스럽게 추가 대출을 꺼릴 것이기 때문입니다. 이렇게 대공황 당시에 발생한 디플레이션처럼 총수요를 위축시키는 것을 '부채 디플레이션debt deflation'이라고 합니다. 디플레이션은 총수요를 감소시켜 경기 침체를 부채질하고, 이것이 다시 디플레이션을 심화하는 악순환을 초래합니다.

대공황 이전 미국 민간부채 수준은 GDP 대비 약 140%에서 240%로 100%p 이상 증가했는데요. 민간 차원에서도 1920년대의 호황기를 끝내고 레버리지가 급격히 증가한 상태에서 대공황을 맞았기 때문에 경기 사이클이 급격한 디플레이션으로 연결됐습니다. 게다가 대공황 초기 허버트 후버 정부의 미숙한 대응으로 버블 붕괴와 함께 통화량이 축소되면서 경기 침체가 더욱 가속화됐습니다. 가계와 기업 모두 부채 비율이 매우 높았기 때문에 자산 가격이 급격히 하락하면서 디레버리징deleveraging(부채 축소)에 오랜 시간이 필요하기도 했습니다. 1940년까지 디레버리징은 지속됐고, 전반적으로 낮은 인플레이션율이 지속되면서 시장 금리를 하락시켰습니다. 이후 제2차 세계대전이 발생하고 나서야 인플레이션이 시작됐고 금리가 상승할 수 있었습니다.

제2차 세계대전 이후
인플레이션과 금리 통제

미국 정부의 전시 자금 조달과 수익률곡선 통제

제2차 세계대전이 발생하면서 군수산업을 중심으로 미국 경제도 성장하고 물가도 빠르게 상승하게 됩니다. 1942년과 1948년경 두 차례 인플레이션율 급등이 있었지만 경제 회복이 이루어지면서 발생했고 미국 정부가 연준을 통제하고 있어 금리 급등으로 이어지지는 않았습니다. 이때 미국 정부의 전시 자금 조달 방법과 수익률 곡선 통제 정책이 향후에도 사용될 가능성들이 언급되고 있습니다.

1941년 진주만 공습 후 제2차 세계대전 참전을 결정하면서 미국은 전쟁 자금을 어떻게 조달할지 고민하기 시작합니다. 세계대전은 기본적인 세금 수입을 넘어서는 엄청난 자금을 필요로 했기 때문에 동원 가능한 모든 것을 이용할 수 있었습니다. 기본적인 세금 수입은 44% 정도 수준이었고, 그 외 민간으로부터의 차입이 약 34%, 그리고 국채를 발행하여 중앙은행과 민간 상업은행이 매입하는 금융 억압을 통해 필요 자금의 22%를 조달했습니다.

정상적인 시장에서는 정부가 지나치게 많은 국채를 발행한다면 수급 논리에 따라 국채금리가 치솟을 수 있습니다. 이를 억제하기 위해 미국은 '수익률곡선 통제^{Yield Curve Control, YCC}' 정책을 도입했습니다. 이는 국채금리가 특정 수준을 넘어가지 못하도록 중앙은행이 국채 시장 금리에 상한선을 설정하는 것인데요. 경제 성장과 인플레이션율 상승 또는

(단위: %)

구분	미국	영국	독일	일본	이탈리아
세수	44	48	40	52	35
세금	44				
압류					
민간 차입	34	38	32	32	18
화폐 증발	22	14	28	15	46
중앙은행채권 매입	7	3	7		
상업은행채권 매입	15	8			
기타		3	21		

자료: 브리지워터

수급 불균형에 따라 시장 금리가 상승할 때 인위적으로 일정 수준의 금리를 유지하게 하는 것입니다.

YCC 정책을 실시하면 실제 국채를 매입하지 않아도 '상한선 제시' 만으로 금리를 유지할 수 있습니다. 물론 상한선을 유지하겠다는 정부의 의지를 신뢰할 수 있다면 말이죠. 2016년 이후 일본도 YCC 정책을 도입하면서 국채 매입 없이도 양적완화와 비슷한 효과를 냈습니다. 1940년대 미국의 YCC는 3개월 금리는 0.5%, 10년물 금리는 2.5%를 상한선으로 제시함으로써 1942년에서 1947년까지 5년간 금리를 통제하는 데 성공했습니다.

그러나 눌려왔던 전후 수요 확대에 따른 인플레이션율 급등 앞에 1947년 결국 금리 상승을 용인할 수밖에 없었습니다. 최근 제임스 불러드James Bullard 세인트루이스 연방은행 총재가 언급한 "제2차 세계대전

그림 3-13 ➤ 제2차 세계대전 당시 연준의 수익률곡선 제어 정책 도입

출처: 세인트루이스 연방준비은행, NBER

그림 3-14 ➤ 대규모로 발행된 국채를 연준이 소화하면서 시장 안정 견인

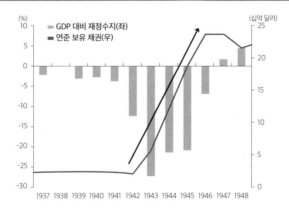

출처: 세인트루이스 연방준비은행, NBER

그림 3-15 ➤ 제2차 세계대전 전후 미국의 국채금리와 물가 추이

출처: 세인트루이스 연방준비은행, NBER

그림 3-16 ➤ 인플레이션으로 전후 높은 명목 성장률 유지

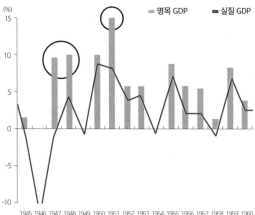

출처: 세인트루이스 연방준비은행, NBER

직후 YCC가 눈물로 끝났다"라는 이야기는 이를 염두에 둔 것으로 알려져 있습니다. 이는 곧 1951년 재무부와 연준의 협약^Treasury-Fed Accord^(이전까지는 실제로 재무부의 영향력 아래 있었지만, 이 협약으로 연준이 재무부의 입김에서 벗어남)으로 끝을 맺게 됩니다.

그래도 1940년대의 YCC 정책은 성공적이었다고 판단됩니다. 이 시기에는 정부 주도하의 자본 통제가 가능했기 때문에 연준은 단기채를 매입했고 시중은행들과 개인들에게도 장기채를 사라고 강요했습니다. 따라서 장기채가 2.5% 선에서 안정을 찾았습니다.

연준이 장기채보다는 단기채를 많이 매입했기 때문에 중앙은행의 재무상태표에 오래 남아 있진 않았습니다. 일본과 달리 호주는 3년물 국채에만 YCC를 적용했고, 미국도 YCC를 도입한다면 단기채에 집중될 것이란 의견이 많습니다. 2021년 초반까지 연준은 YCC 정책이 도입될 가능성을 부인했지만 기대 인플레이션율 상승으로 금리가 단기

그림 3-17 ▶ 2000년 이전 영국의 명목GDP 성장률과 명목GDP 대비 정부부채 비율

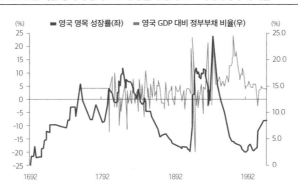

출처: ONS

제3장 미국 인플레이션과 금리, 연준의 역사

그림 3-18 ▶ 2000년 이후 영국의 명목GDP 성장률과 명목GDP 대비 정부부채 비율

출처: ONS

급등한다면 실행될 수도 있다고 판단됩니다. 한편 영국도 제2차 세계 대전 이후 GDP 대비 정부부채 비율을 줄였는데, 우선 전쟁채권의 이자율이 낮은 반면 명목 성장률이 높게 유지됐기 때문입니다. 또한 최고 소득세율이 99.25%를 기록하는 등 1950년대와 1960년대에는 90% 정도의 최고 세율을 유지했습니다. 전쟁채권은 3.5%에 발행됐는데 제2차 세계대전 이후 영국의 명목 성장률은 꾸준히 6~8% 정도를 유지했습니다. 높은 성장률이 가능했던 이유는 제2차 세계대전 이후 특히 서유럽을 중심으로 빠른 경제 성장이 있었기 때문입니다.

1940년대 미국 정부의 통제경제와 금융 억압

1940년대는 또한 정부 주도하에 여러 가지 금융 억압이 있었습니다. 첫째, 1933년 금본위제 폐지와 함께 개인과 기업이 금을 사적으로 소유하는 것을 금지했습니다. 이런 조치가 없었다면 아마 달러의 가격을

표 3-2 ➤ 제2차 세계대전 당시 주요국의 정부 규제 내역

구분	시장폐쇄	자산 가격 통제	자산 소유 제한	환율 통제	세율 인상	신규 채권 발행 제한	기업 마진 제한
연합국							
미국	X	O	O	O	94%	-	O
영국	O	O	O	O	98%	O	O
추축국							
독일	O	O	O	O	60%	O	O
일본	O	O	O	O	74%	O	O

출처: 브리지워터

유지하고 전반적인 경제를 통제하는 데 어려움을 겪었을 겁니다.

둘째, 국채 매수를 유도하는 금융 통제가 있었는데요. 일단 YCC 정책과 연계하여 민간 은행에 국채를 사도록 강요했으며, 미국 시민들에게도 애국 마케팅을 통해 국채를 사도록 유도했습니다. 당시 대공황으로 주식이 폭락한 상태인 데다 전쟁으로 위험 회피 성향이 강했기 때문에 채권에 투자할 수밖에 없었습니다. YCC 정책을 유도하기 위해 다른 나라로 자본이 유출되는 것을 막는 자본 통제도 필요했습니다. 또한 세금 징수를 확대하면서 소득세 최고 세율이 94%까지 올라갔습니다.

셋째, 다른 나라들과의 무역도 통제했습니다. 어떤 물품을 어떤 나라로 수출할 것인지를 정부가 결정했습니다. 동맹국들은 도와주고 적국에는 수출을 금지하는 경제 전쟁을 위해 필요한 수단이었습니다. 1940년 7월에는 동맹국들에만 철강을 수출하기로 했고, 1941년에는 동맹국들에 무상으로 무기를 공급했습니다. 또한 1941년 7월에는 일

본에 석유와 천연가스 수출을 전면 중단하고, 일본 선박이 파나마해협을 통과하지 못하도록 통제하기 시작했습니다.

넷째, 전시경제 체제로 들어가면서 기업들의 생산부터 공급까지 모두 통제했습니다. 생산은 무기 위주로 진행됐고, 물자를 배급하면서 물가를 정부 차원에서 전면적으로 통제했습니다.

매리너 에클스와
윌리엄 맥체스니 마틴 주니어

연준 독립의 아버지, 매리너 에클스

오랫동안 연방준비제도이사회^{FRB} 사무실은 재무부 청사에 있었습니다. 그러다가 1937년 독립했는데요. 워싱턴D.C에 있는 그 건물의 이름이 '에클스 빌딩'입니다. 연준을 재무부에서 독립시키면서 통화정책의 주도권을 확보하는 데 초석을 놓은 사람이 바로 매리너 에클스^{Marriner} ^{Eccles}(1935~1947년 재임) 의장이기 때문입니다.

1935년 에클스 의장은 대통령이 연준 위원을 2년에 1명만 선임할 수 있도록 제도화했습니다. 재임을 한다 해도 대통령이 임명할 수 있는 위원은 12명 중 4명에 불과하다는 것입니다. 또한 공개시장위원회^{FOMC}를 지역 연준의 협의기구에서 연방준비제도의 법정기구로 격상시키고 회의에 참관하던 재무부 장관을 배제한 것도 에클스의 작품입니다.

그림 3-19 ➤ 1930~1960년 10년만기 국채금리 추이

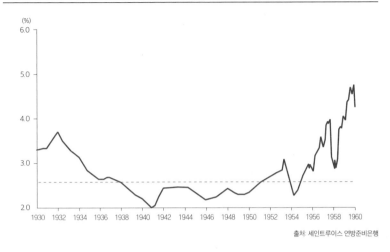

출처: 세인트루이스 연방준비은행

제2차 세계대전 중 재무부는 금리 결정권을 흡수하고 연준을 하나의 소속 부서로 취급해 1942년에서 1951년까지 약 9년간 금리를 통제하기도 했습니다. 전쟁이 끝나자 임금 등 전시에 실행한 통제 조치들이 일시에 해제되면서 인플레이션율이 급등했지만, 재무부 통제 아래 연준은 아무것도 할 수 없었죠. 전후 계속된 금리 통제에 따른 부작용이 발생하면서 1951년 재무부-연준 협약을 맺습니다. 합의서는 앞으로 재무부가 연준에 간섭하지 않겠다는 선언이었습니다. 이후 아서 번스와 윌리엄 밀러William Miller에 의해 잠시 정부에 종속됐던 1970년대를 제외하면, 연준은 정부의 압력과 끊임없이 싸워가면서 독립적인 통화정책을 실행해왔습니다.

반면 본연의 업무 영역인 통화정책에서는 판단 착오로 어려움을 겪기도 했죠. 미국 경제가 1933년 프랭클린 루스벨트 취임 이후 대공황

에서 빠르게 벗어나자 에클스는 1936년 초부터 금리를 올려 돈줄을 죄기 시작했습니다. 사실 긴축이라기보다 통화정책 정상화에 가까웠지만, 에클스의 바람과 달리 경기는 다시 침체에 빠져들었습니다. 이것을 '에클스의 실수'라고 합니다.

그 결과 연준은 대공황 때보다 더 심한 정치적 공격에 시달려야 했지요. 이때부터 연준 의장들은 경제가 침체에서 거의 탈출한 뒤에도 쉽게 통화정책을 정상화하지 못하고 기존 완화 정책을 길게 끄는 패턴을 보이게 됐다는 얘기도 있습니다.

독립된 연준으로 물가 안정 목표를 추구했던 윌리엄 맥체스니 마틴 주니어

윌리엄 맥체스니 마틴 주니어[William McChesney Martin Jr](1951~1970년 재임)는 미국 연준 의장을 가장 오랫동안 역임했습니다. 그사이 미국 대통령은 네 번이나 바뀌었지만 실력을 인정받았기 때문에 계속해서 연임할 수 있었습니다. 1965년 베트남전쟁의 여파로 물가가 오르자 마틴은 금리를 올려 물가를 잡으려 했습니다. 당시 린든 존슨 대통령이 마틴을 텍사스주에 있는 자신의 목장으로 불러 금리를 올리면 자신에게 정치적으로 부정적인 영향이 불가피하다면서 압박했지만, 마틴은 고집을 꺾지 않았습니다. 그런데도 존슨 대통령은 마틴을 1967년 연준 의장으로 다시 임명했습니다.

대통령과 집권 정당이 바뀌는 동안에도 마틴이 정권의 신임을 잃지 않았던 것은 특정 경제 이론에 집착하지 않고 통계를 바탕으로 냉정하게 정책 기조를 잡아나갔기 때문입니다. 연준 의장으로서 마틴의 정책 기조는 무엇보다 물가를 잡는 데 맞춰져 있었습니다. 그는 연준의 존재 이유가 "디플레이션이나 인플레이션의 바람이 어느 방향에서 불어오더라도 그에 따라 몸을 뉘며 대처하는 것"이라고 말하기도 했습니다. 또한 "통화정책을 통해 물가를 조절하는 역할을 맡은 사람은 박수 받기를 기대해서는 안 된다"면서, 연준의 역할은 "파티가 한창 무르익을 때 펀치볼을 치워버리는 것"이라고 주장했습니다.

정치, 경제적 격변기에는 정부의 금융 억압과 인플레이션이 발생할 가능성이 크다.

인플레이션은 경제적인 원인뿐 아니라 정치·사회적 원인이 작용하는 경우가 많았습니다. 특히 20세기 초반과 중반의 인플레이션은 두 차례의 전쟁 등 정치적 격동기에 발생했습니다. 역사적으로 대규모 전쟁은 많은 군사비를 지출하게 됨에 따라 인플레이션을 유발했습니다. 전쟁에 필요한 자금을 마련하는 과정에서 정부의 재정 건전성을 크게 훼손시키며 화폐의 가치를 하락시키기 때문입니다. 제1차 세계대전에서 유럽이 겪은 인플레이션이 여기에 해당합니다.

이에 따라 미국이 군수품과 식량 제공에 대한 대가를 금으로만 받게 되면서 유럽의 금이 미국으로 대거 유입됐습니다. 미국은 참전하지 않았던 1917년까지는 전쟁에 영향을 크게 받지 않았기 때문에 물가 상승률이 높지 않았지만, 미국이 참전한 1917년부터 1918년까지 전쟁공채 등의 통화량이 증가하고 생필품 등 재화 가격이 급등하는 인플레이션이 발생했습니다. 제2차 세계대전의 와중인 1942년에도 생필품 가격이 급등하는 심각한 인플레이션이 발생했습니다. 그러나 전반적으로 전시통제 경제정책이 진행되고 있었기 때문에 인플레이션 상황이 장기화되진 않았습니다.

전쟁이 끝나고 나서도 정부의 금융 억압은 상당 기간 계속되면서 인플레이션을 유발하는 경우가 많았습니다. 1919~1920년 제1차 세계대전이 끝나고 난 뒤에도 미국 정부는 바로 인플레이션을 약화시키는 정책을 쓰지 않고 금리를 낮게 유지하도록 중앙은행을 압박했습니다. 제2차 세계대전이 끝난 이후에도 1948년까지 낮은 금리를 유지하는 수익률 곡선 통제(YCC)가 이어지기도 했습니다. 이렇게 대규모 전쟁 이후 정부는 경제가 제 궤도를 찾아갈 때까지 금융 억압을 상당 기간 유지하는 경우가 많았습니다. 전쟁과 같은 대규모 전염병을 경험한 2020년대에도 1940년대와 유사한 상황이 반복될 수 있을까요?

당시에 비해 세계 경제의 상호 의존도가 높아졌기 때문에 1940년대와 유사한 상황이 되리라고 예상하는 사람들은 많지 않습니다. 실제로 1940년대 미국 해외 투자자의 비율은 5% 미만이었지만, 오늘날에는 30%를 넘습니다. 국내 투자자에 대한 금융 억압이 가능할지는 몰라도 해외 투자자들까지 통제하는 건 불가능하다는 것입니다.

그러나 라구람 라잔(Raghuram Rajan)은 1900년 제1차 세계대전 이전 시기와 대공황 이전 1920년대의 전간기(제1, 2차 세계대전 사이)에도 이미 세계화가 빠르게 진행됐다고 분석합니다. 그리고 상당히 많은 무역과 투자가 국가 간에 얽혀서 전쟁이 일어나기 어렵다고 생각하는 사람이 많았다고 합니다. 그럼에도 대규모 세계 전쟁이 두 번이나 발생했습니다. 따라서 해외 의존도가 높기 때문에 주요 국가들이 과거와 같은 행동을 하지 않으리라고 보는 것은 순진한 생각일 수 있습니다. 1940년대처럼 돈을 찍어내고 직접적인 금융 억압 수단을 사용하기는 어려울 수 있지만, 글로벌 정치·경제적 혼란의 상황이 발생한다면 세금 인상과 금융 억압은 일정 부분 반복될 수 있다는 것을 염두에 두는 것이 좋을 듯합니다.

1970년대 스태그플레이션

1965~1979년 대외 이슈와
정책 실패로 인한 물가 상승

1965년부터 1980년까지는 미국 역사상 가장 심각한 인플레이션과 금리 상승을 기록한 시기였습니다. 실제로 미국인들은 제1차 세계대전 직후와 제2차 세계대전 직후 잠깐을 제외한다면 1960년대 초반까지 인플레이션을 경험해본 적이 별로 없었습니다. 1945~1964년 1% 수준이었던 물가 상승률이 1965년 이후 점차 높아지면서 1980년 초반 평균 14%까지 이르렀습니다.

브레턴우즈 시스템이 출범하고 마셜 플랜으로 미국의 대유럽 투자가 증가하면서 1960년대까지 미국에서 많은 달러가 유출됐습니다. 여기에 1960년대 중반 발생한 경기 침체로 주요국 정부들은 케인스주의 수요 관리 정책에 따라 정부 주도의 경기 부양 대책을 수립했습니다. 당시는 확장적 재정정책으로 재정 부담이 매우 높아진 상황이었고, 감세법안의 통과와 함께 필립스 곡선$^{Phillips\ curve}$에 의한 낮은 실업률 달성에 대한 기대감도 높았습니다.

이때 금리 인상을 놓고 정부와 연준의 입장이 충돌했는데요. 연준은 경기가 본궤도에 오른 만큼 조기에 인상해야 한다고 주장했고, 정부는 금리를 인상하면 고용이 악화될 수 있다고 연준을 압박했습니다. 결국 1966년, 연준은 뒤늦게 금리 인상을 단행했지만 당시 베트남전 때문에 재정적자가 확대되던 시기라 긴축적인 통화정책만으로는 물가 상승률 확대를 막을 수 없었습니다.

1967년 재무부는 재정수지 개선을 위해 세금 인상을 시도하면서 재정수지를 잠시 긴축으로 전환했지만, 뒤늦은 재정 긴축과 금리 인상에도 물가 상승률이 확대되면서 통화정책의 타이밍을 놓치고 말았습니다. 악수에 악수를 둔 정부와 연준의 갈등은 결국 정책 실패로 인한 물가 급등으로 나타났습니다.

1970년대 인플레이션은 이미 1965년 이후 위대한 사회 건설과 베트남전쟁에 따른 재정 확대 정책과 함께 시작되었다고 볼 수 있습니다. 물가 상승은 1970년대에 본격적으로 나타났는데요. 1972년 브레턴우즈 시스템이 폐기된 이후 네 번의 경기 침체와 두 번의 오일 쇼크 등 글로벌 격변이 근본적인 경제적 충격을 가져왔습니다. 거기에 물가통제 정책 등 정책적 시행착오가 금융 시장의 혼란을 증폭시켰습니다. 이

그림 3-20 ▶ 견조한 경제 성장을 이룬 1960년대

그림 3-21 ▶ 완전 고용 역시 중요했던 1960년대

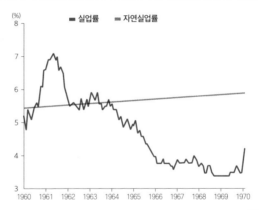

시기 발생한 스태그플레이션(물가 급등과 경기 침체)의 배경에 대해서는 다양한 의견이 존재합니다.

미 연준이 분석한 1970년대 물가 폭등의 원인 세 가지는 첫 번째, 필

그림 3-22 ➤ 1950~1970년 재정수지 추이

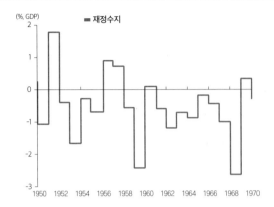

출처: 세인트루이스 연방준비은행

그림 3-23 ➤ 1950~1970년 물가 상승률과 10년만기 국채금리 추이

출처: 세인트루이스 연방준비은행

립스 곡선을 신봉하고 완전고용에 집착했기 때문입니다. 1946년 고용
법이 제정된 이후 미국의 연방정부는 완전고용에 대한 강한 집착을 보
여왔습니다. 여기에 강력한 이론적 근거를 제시한 것이 필립스 곡선이

었습니다.

필립스 곡선은 경제학자 윌리엄 필립스[William Phillips]가 1958년에 발표한 논문에 실은 것으로, 그는 "실업률이 높을 때 임금이 하락하는 경향이 있고 실업률이 낮을 때 임금이 상승하는 경향이 있다"라고 주장했습니다. 뒤를 이어 각국에서 많은 학자가 실업률과 인플레이션율 간에 역의 관계가 성립한다는 것을 발견하면서 이를 '단기 필립스 곡선'으로 불렀습니다.

1950년대와 1960년대만 해도 이처럼 단순한 접근법이 잘 들어맞았습니다. 그러나 이 시기에도 일부에서는 정확한 인플레이션율을 전망하기 위해서 유가의 급변동과 정치적·제도적 요인들 같은 다양한 변수를 고려해야 한다고 주장하기도 했습니다.

1970년대는 인플레이션율과 실업률이 역의 관계를 보인다는 필립스 곡선에 대한 과신이 '실업률이 낮아진다면 인플레이션율 상승을 용인해도 된다'는 정책 결정자들의 낙관적인 생각으로 연결되면서 물가

그림 3-24 ▶ 필립스 곡선: 실업률과 물가 상승률이 반비례한다는 가설

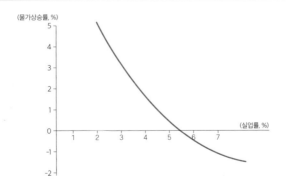

를 폭등시켰습니다. 이에 1970년대를 전후하여 대부분의 중앙은행은 지나친 경기 부양과 통화량 확대는 장기적으로 실업률을 낮추지 못한 채 인플레이션 문제만 악화시킨다는 사실을 발견했습니다.

그러나 경기 확장 정책이 더 심각한 인플레이션을 유발한다고 해도, 긴축 정책은 경기를 침체시키기 때문에 한두 해 안에 선거를 치러야 하는 미국 정부로서는 긴축 정책을 선택하기 어려웠습니다. 이것이 정치적으로 안정되고 부유한 선진국들이 1970년대에 심각한 인플레이션 문제를 겪게 된 주요한 이유였습니다.

두 번째는 브레턴우즈의 붕괴와 달러 가치의 급락입니다. 1950년대 말부터 미국 경제는 서유럽의 경제 성장에 비해 정체되고 무역수지도 악화됐습니다. 이에 1960년대 후반부터 달러의 지위가 흔들리면서 달러 가치에 대한 우려가 커졌습니다. 글로벌 무역이 성장하면서 달러화 수요도 덩달아 증가하고 외국 중앙은행들의 달러 보유액이 축적되면서, 결국 해외에서 보유하고 있는 달러화 보유고가 미국의 금 보유고를 넘어섰습니다. 설상가상으로 베트남전쟁 등으로 미국은 전비 조달을 위해 통화량을 확대했는데, 이에 따른 물가 상승으로 미국의 금 태환 능력에 대한 불신이 커졌습니다. 일부 국가에서 금 태환을 요구했지만 미국은 기존의 금 가격에 대한 태환을 유지할 수 없었습니다. 결국 리처드 닉슨^{Richard Nixon} 대통령의 금 태환 정지 선언으로 브레턴우즈 체제가 붕괴됐고 달러 가치는 급격히 하락했습니다. 이러한 달러 가치의 급락은 수입물가를 상승시키면서 물가 상승을 부채질했습니다.

세 번째는 재정 불균형과 오일 쇼크입니다. 베트남전으로 인한 재정수지 적자 규모는 린든 존슨의 '위대한 사회' 프로그램으로 한층 더 확대됐습니다. 부채 문제가 증가하면서 연준의 통화정책에 제약을 가하기도 했고 재무부 국채 발행 기간에는 금리를 유지하는 관행[even keel]이 생기기도 했습니다.

그림 3-25 ➤ 1965~1985년 필립스 곡선: 인플레이션율과 실업률 모두 상승

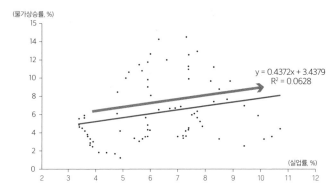

출처: 세인트루이스 연방준비은행

그림 3-26 ➤ 1986~2011년 필립스 곡선: 인플레이션율 상승할 때 실업률은 하락

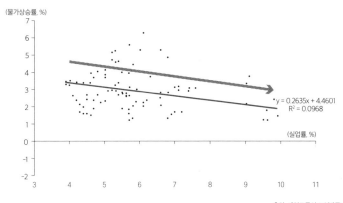

출처: 세인트루이스 연방준비은행

완전고용을 원하는 사회적 분위기에 휩쓸리면서 연준도 이후 발생한 재정 불균형 대응에 소극적이었습니다. 그러나 통화량을 확대해도 실업률은 낮아지지 않고 물가만 상승했습니다. 물가 상승세가 가팔라지면서 정부가 시도했던 많은 정책이 대부분 실패한 것도 문제를 더

그림 3-27 ➤ 1970~1990년 M2 증가율과 물가 상승률 추이

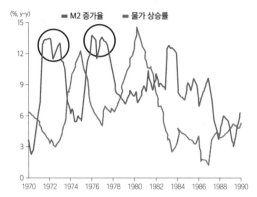

출처: 세인트루이스 연방준비은행

그림 3-28 ➤ 1960~1980년 실업률과 물가 상승률 추이

출처: 세인트루이스 연방준비은행

키웠습니다. 닉슨 정부의 임금·물가 관리 제도는 오히려 식료품과 에너지 문제를 촉발하면서 상황을 더욱 악화시켰습니다. 닉슨에 이어 대통령에 취임한 제럴드 포드Gerald Ford의 정부도 '인플레이션이 첫 번째 적'이라고 선언하면서 절약 장려 프로그램Whip Inflation Now, WIN을 도입했지만 실패했습니다. 높은 고용률에 집착한 정부는 제1·2차 오일 쇼크와 경기 침체가 발생하는 가운데 물가 급등으로 경기와 물가 어느 쪽도 해결하지 못했고, 결국 스태그플레이션 시대가 도래하게 된 것입니다.

네 번째로, 1970년대를 '기대 인플레이션율expected rate of inflation'의 시각에서 설명할 수 있는데요, 이는 가까운 미래에 나타날 것으로 예상되는 인플레이션율을 말합니다. 1968년에 밀턴 프리드먼과 에드먼드 펠프스Edmund Phelps는 "미래의 인플레이션에 대한 기대가 현재의 인플레이션율에 직접적인 영향을 미친다"라고 주장했는데요. 연말 임금 협상을 할 때 다음 해 인플레이션율이 안정적일 것인지 또는 급등할 것인지에 따라 합의할 임금의 수준이 달라진다는 것입니다.

만일 인플레이션율이 빠르게 상승할 것으로 예상된다면(기대 인플레이션율의 급등) 고용자와 근로자 모두 더 높은 임금 상승에 동의할 가능성이 큽니다. 따라서 기대 인플레이션율의 상승은 단기 필립스 곡선을 위쪽으로 이동하게 합니다. 다시 말해 기대 인플레이션율의 상승은 실제 인플레이션율도 상승하게 하고, 기대 인플레이션율의 하락은 실제 인플레이션율도 하락하게 한다는 겁니다.

기대 인플레이션율을 결정하는 것은 무엇일까요? 일반적으로 사람들은 경험에 근거하여 미래의 인플레이션율을 예상합니다. 과거 수년 동안 낮은 인플레이션율을 유지했다면 가까운 미래에도 낮게 유지될 것으로 생각할 가능성이 큽니다. 반면 수년 동안 인플레이션율이 높게 지속됐다면 이런 흐름이 계속 유지될 것으로 생각할 것입니다.

미국인들은 1960년대 초반까지 낮은 인플레이션율에 익숙해 있었기 때문에 자연스럽게 미래에도 같은 패턴이 이어질 것으로 생각했던 것 같습니다. 1965년 '위대한 사회' 프로그램의 추진과 베트남전쟁으로 정부는 대규모 자금을 조달하기 위해 방만한 정책을 펼쳤고, 이에 따라 인플레이션율이 빠르게 상승하기 시작했습니다. 이때가 되어서야 기대 인플레이션율이 실제 인플레이션율에 상당한 영향을 미치기 시작했다고 판단됩니다. 1980년대에 인플레이션율을 낮추기 위해 지속적인 노력을 했고, 이에 따라 1990년대에는 기대 인플레이션이 낮아졌습니다. 그 결과 실업률이 낮아졌음에도 실제 인플레이션율도 매우 낮게 유지될 수 있었습니다.

아서 번스와 윌리엄 밀러의 실패한 물가 관리

아서 번스와 윌리엄 밀러

마틴 의장의 후임 아서 번스(1970~1978년 재임)는 최악의 연준 의장으로 평가됩니다. 번스 의장의 임기는 인플레이션의 강력한 상승 압박이 존재함을 이미 알고 있었지만 연준의 독립성이 약화되면서 가장 대응을 못 했던 시기이기도 합니다. 거기에 제1·2차 오일 쇼크도 있었고 정부가 연준이 금리를 올리지 않도록 압박하면서 소비자물가 상승률은 1965년 1%에서 1980년 3월 13.6%로 급등했습니다.

아서 번스는 닉슨 대통령의 압력에 굴복하고 인플레이션을 방치했다는 비판을 받고 있습니다. 1973년에 닉슨이 탄핵당한 이후에도 인플레이션은 제어가 되지 않았고 1980년 무지막지한 금리 인상을 하고 나서야 잡혔습니다. 닉슨 대통령은 존슨 대통령보다 더 강하게 연준을 압박했다고 알려졌습니다. 심지어 1970년 아서 번스를 임명할 때 대통령의 의견은 반드시 따르길 바란다면서 '완화적 통화정책을 구사하겠다'는 약속을 받았다고 합니다. 1972년 대선을 앞두고 확장적 통화정책을 어떻게 종용하고 아서 번스가 어떻게 실행했는지가 닉슨의 도청 테이프 조사 자료에 기록되어 있습니다.

번스 의장은 연준 내 반대 의견을 가진 위원들에게 불이익을 주면

그림 3-29 ▶ 제1·2차 오일 쇼크로 인한 경제 침체

서 대통령의 뜻을 지원했다고 합니다. "대통령의 명성과 지위를 높이기 위해 나의 권한 내에서 할 수 있는 모든 것을 하겠다"라고 말한 도청 테이프가 공개되기도 할 정도로, 사실상 연준의 독립성을 대통령에게 넘겼다는 비판을 받고 있습니다.

이후 윌리엄 밀러(1978~1979년 재임)가 6개월의 연준 의장을 거쳐 재무부 장관이 된 첫 번째 사례가 됐는데, 긴축적인 통화정책에 반대했던 아서 번스와 함께 최악의 연준 의장으로 평가받고 있습니다.

인플레이션은 언제 어디서나 정치적 현상이다

1970년대의 인플레이션은 베트남전쟁과 고용 우선 정책 등의 수요 견인 요인(demand-pull factors)뿐 아니라 생산성 향상을 웃도는 임금 상승과 오일 쇼크 등의 비용 상승 요인(cost-push factors)도 크게 작용했다고 알려져 있습니다. 순수한 의미의 비용 상승에 의한 인플레이션이나 수요 견인 인플레이션은 사례를 찾기 어렵습니다. 이 두 가지는 각각의 요인이 아니라 상호 연계되어 있다고 보는 것이 적절할 듯합니다. 이러한 문제를 1970년대에는 해결하기 어려웠고 1980년대에 들어서야 극복할 수 있었습니다. 연준 의장 볼커의 고집스러운 금리 인상으로 인한 통화 긴축 때문이었을까요?

1970년대는 성장률이 둔화되고 실업률이 상승하는 가운데 분배를 둘러싸고 노사 간 대립이 심화된 '총체적 갈등과 혼란의 시기'였으며, 이익집단의 지대추구 행위로 경제정책이 정치화되면서 정부에 대한 국민의 신뢰가 추락한 '정당성의 위기'의 시기였습니다.

당시는 '고용 우선을 지지하는 여론'과 '인플레이션 억제를 지지하

는 여론'이라는 두 가지 상반된 세력이 힘을 겨루고 있었습니다. 1970
년대 초에는 고용 우선 여론이 우세했으나, 상황이 악화되면서 점차
퇴조했습니다. 이후 인플레이션 억제 여론이 힘을 얻으면서 1980년
에 이르러 인플레이션 억제 여론이 고용 우선 여론을 압도하기 시작
했습니다. 이렇듯 1970년대에 인플레이션이 만든 부작용을 이해하
기 위해서는 좀더 포괄적으로 정치·사회적 맥락을 가미한 분석이 필
요합니다.

1980년대 인플레이션과 금리 하락

물가를 잡기 위한 급격한 금리 인상과 30년간 지속된 금리 하락 추세

1980년대 이후 인플레이션 둔화 및 금리 하락의 배경

1981년부터 2007년까지 미국 금리는 인플레이션의 안정과 함께 추세적인 금리 하락을 기록했습니다. 상황이 악화일로로 치닫던 1979년, 볼커가 연준 의장으로 취임했습니다. 임기 초반 볼커는 기준금리보다 준비금 조절을 통해 통화정책을 운영하겠다고 밝혔습니다. 통화량을 조절하자 인플레이션율이 둔화되긴 했지만 여전히 높았습니다. 이후 기준금리를 20%로 급격히 인상하면서 물가 상승을 억제하는 데 성공했습니다. 1980년대 초반 경기 침체와 함께 실업률이 급증했지만 물

그림 3-30 ➤ 1960년대 이후 미국 물가와 국채금리 추이

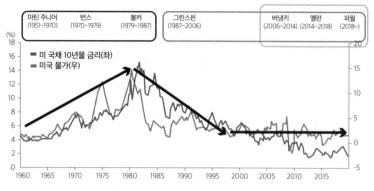

출처: Bloomberg

가 상승을 5% 미만으로 억제하면서 경제 회복의 기반을 만들 수 있었습니다.

1980년대 이후 인플레이션이 둔화되고 금리가 추세적으로 하락한 배경에는 급격한 금리 인상과 통화량 축소가 있었지만, 이를 포괄하는 중요한 변화를 빼놓을 수 없습니다. 이를 몇 가지로 짚어볼 수 있습니다.

첫째, 체계적이고 과감한 통화정책이 추진됐다는 것입니다. 각국의 중앙은행은 1970년대의 경험과 케인스주의 수요 관리 정책, 필립스 곡선 이론에 대한 비판을 교훈 삼아 체계적이고 과감한 통화정책으로 방향을 돌렸습니다. 금융 정책은 신뢰할 수 있고 국민의 기대를 안정화할 수 있어야 한다는 취지로, 연준은 물가 관리를 위한 통화량 억제 등 엄격한 원칙을 세우고 시장 참여자들의 신뢰를 유지하기 위해 많은 노력을 해왔습니다.

1960년대 후반과 1970년대는 단기 필립스 곡선에 대한 집착이 긴축적인 통화정책을 주저하게 했습니다. 그러나 시간이 흐르면서 경제학자들은 장기적으로 필립스 곡선의 실업률과 인플레이션 간에 특별한 연관관계가 존재하지 않는다는 것을 알게 됐습니다. 여기서 나온 개념이 '자연실업률Non-Accerlating Inflation Rate of Unemployment, NAIRU입니다. 즉 인플레이션을 가속화하지 않는 실업률을 말합니다. 인플레이션은 결국 기대에 자리를 잡기 때문에 인플레이션이 가속화되는 것을 막기 위해서는 실제 인플레이션율이 예상 인플레이션율과 같아질 정도로 실업률이 충분히 높아야 한다는 것입니다. 자연실업률보다 낮은 실업률을 유지하고자 하면 인플레이션이 가속화되기 때문에 유지될 수 없다는 것이고, 반대로 자연실업률보다 높은 실업률은 인플레이션을 감속시킨다는 것입니다. 미국의 의회예산처CBO가 계산한 미국의 인플레이션 모델은 실제 실업률이 자연실업률로부터 이탈하는 정도에 기초하여 만들어지고 있습니다.

1990년대에는 물가 안정에 초점을 둔 신중한 통화정책 방법론들이 도입되기 시작했습니다. 1993년 존 테일러John Taylor는 "통화정책이 경기 순환과 인플레이션을 고려한 단순한 준칙을 따라야 한다"라고 제안했습니다. 인플레이션율과 총생산 갭Gap을 고려하여 연방자금금리Fed Fund rate를 결정해야 한다는 것이 테일러 준칙Taylor Rule for monetary policy입니다. 총생산 갭은 실제 성장률과 잠재 성장률 간의 차이를 말합니다. 결과가 플러스(+)일 때는 인플레이션 갭, 마이너스(-)일 때는 디플레이션 갭이라고 합니다. 총생산 갭은 실제 실업률에서 자연실업률을 뺀 경기적 실업률과 역의 관계를 보입니다. 실업률이 1% 늘어날 때마다 국내 총생산이 2.5% 감소한다는 것을 오쿤의 법칙[Okun's Law]이라고 부릅니다.

$$연방자금금리 = 1 + (1.5 \times 인플레이션율) + (0.5 \times 총생산 \ 갭)$$

한편 여러 중앙은행은 테일러 준칙 대신 인플레이션 목표[Inflation Targeting]를 설정하기도 했습니다. 이는 달성하고자 하는 인플레이션율을 발표하고 이 목표를 달성하기 위해 통화정책을 추진하는 것입니다. 뉴질랜드은행이 처음으로 인플레이션 목표제를 도입하여 1~3%를 목표 범위로 정했고, 영국은행도 2%의 인플레이션율을 제시하고 목표를 유지하기 위해 노력했습니다. 특히 1980년대 심각한 인플레이션율로 고생했던 많은 신흥국이 1990년대 후반 이후 목표 수준을 제시하고 거기에 맞추는 정책들을 시행하면서 인플레이션율을 안정화하는 데 성공했습니다. 브라질의 경우도 1998년 이후 4.5±2% 수준인 2.5~6.5%의 목표를 제시하고 이를 지키기 위해 수십 년 동안 노력해온 결과 현재 3.5±2% 수준으로 인플레이션율을 안정화했습니다.

또한 통화정책 결정 전까지 아무런 언질이 없었던 이전과 달리 시장과의 소통도 적극적으로 하기 시작했는데요. 1994년 2월부터 통화정책 결정문이 발표되기 시작했습니다. 2000년 2월부터는 향후 통화정책 방향에 대해서도 비교적 명확하게 표현되기 시작했고, 2010년 중반부터는 실업률 전망치가 발표됐으며, 2011년부터는 점도표가 도입되기도 했습니다.

그림 31- ➤ 경기 사이클에 맞춘 금리 결정

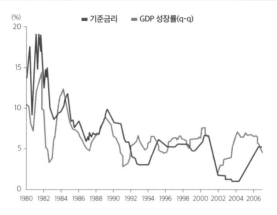

출처: 세인트루이스 연방준비은행

둘째, 1970년대와 달리 인플레이션 억제가 필요하다는 여론의 지지를 확보할 수 있었습니다. 1970년대 내내 고용을 우선하는 여론과 인플레이션을 먼저 억제해야 한다는 의견이 충돌하면서 혼란에 빠져 있었습니다. 그러나 시간이 지나면서 1970년대 초반의 고용 우선 여론이 퇴조하기 시작했고, 결국 1980년대에는 인플레이션을 우선 억제해야 한다는 여론이 더 큰 힘을 받아 연준의 금리 인상에 강력한 지지 세력이 됐습니다. 여기에는 밀턴 프리드먼의 신자유주의적 경제정책의 사상적 흐름과 레이건 정부의 신자유주의 경제정책 추진도 기여했다고 판단됩니다.

1980년대를 통해 정책 결정자들은 인플레이션율을 낮추는 것이 높이는 것보다 훨씬 어렵다는 것을 알게 됐습니다. 인플레이션율이 하락하면서 발생하는 경기 침체와 대규모 실업이 매우 고통스럽기 때문입니다. 이미 높은 기대로 형성되어 있는 인플레이션율을 낮추기 위해서는 실업률을 상당 기간 자연실업률보다 높게 유지하는 긴축 정책을 추진해야 합니다. 이렇게 기대 인플레이션율을 낮추는 과정을 '디스인플레이션'이라고 합니다.

1980년대 미국이 디스인플레이션을 통해 심각한 인플레이션에서 벗어나는 데 사용한 비용은 연간 GDP의 약 18%로 엄청난 수준이었습니다. 따라서 이처럼 높은 비용은 디스인플레이션을 통한 인플레이션의 안정화가 높은 장기적 이익을 가져온다고 확신할 때 정당화될 수 있습니다. 단기적으로는 경제가 디스인플레이션으로 인한 손실이 크다고 하더라도 지속적으로 심각한 인플레이션이 초래하는 폐해가 더 크다고 판단하기 때문입니다. 1970년대에 스태그플레이션을 경험한 선진국들이 1980년대에 결국 긴축적인 재정정책과 통화정책을 추진하게 된 배경은 단기적으로 경제 성장이 줄어들더라도 인플레이션율을 낮추기 위한 희생을 감당할 만하다고 봤고 여론도 이를 인정하고 동의했기 때문이라고 판단됩니다. 또한 정책 담당자들이 인플레이션율을 낮추려는 시도를 적극적으로 밝히는 것이 디스인플레이션의 비용을 줄인 측면도 있습니다. 명확하고 신뢰도 높은 디스인플레이션 정책은 기대 인플레이션율을 낮추는 데 큰 기여를 했다고 알려져 있습니다.

셋째, 경제구조의 변화입니다. 1980년대 중반부터 미국 경제는 제조업에서 서비스업 위주로 빠르게 변화됐습니다. 제조업에 비해 서비스업은 업황 변동성이 크지 않기 때문에 안정적인 인플레이션이 가능

그림 32- ➤ 꾸준히 성장해온 미국 서비스업

출처: 세인트루이스 연방준비은행

그림 33- ➤ 1987년 증시 폭락을 제외하면 주가와 경제 모두 꾸준히 상승

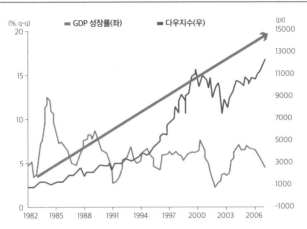

출처: 세인트루이스 연방준비은행

했다는 겁니다. IT 기술의 발전으로 재고 관리 능력이 향상된 것도 도
움이 됐습니다. 여기에 산업규제 완화까지 어우러지면서 물가 안정 속
경제 성장이 가능했다고 볼 수 있습니다.

넷째, 탈냉전과 세계 시장의 통합 등 우호적인 대외 환경의 혜택을 보았다는 것입니다. 1980년대 중반 중남미 채무위기, 1997년 아시아 금융위기 등의 대형 경제위기는 대부분 해외에서 발생했고 1987년 블랙 먼데이 사건과 롱텀캐피털매니지먼트^{LTCM} 사태를 제외한다면 미국 내에 큰 충격을 주지 않았습니다. 이런 와중에 소련과 동유럽의 붕괴로 탈냉전 시대로 진입해 전 세계가 하나의 시장으로 통합되는 모멘텀이 발생하면서 저렴한 비용으로 제품을 만들 수 있는 글로벌 가치사슬이 만들어질 수 있었습니다.

미국 긴축 정책의 직격탄을 맞은 중남미 상황

한편 인플레이션을 통제한 미국과 달리 1980년대 중남미 국가들에서는 미국의 긴축적인 통화정책으로 엄청난 충격을 받으면서 하이퍼인플레이션이 발생했습니다. 많은 중남미 국가가 1970년대 수입 대체 산업을 육성하는 데 필요한 대규모 자금을 달러 변동금리로 조달했습니다. 일반적으로 글로벌 은행의 대출이 'Libor +가산금리'로 결정됐기 때문에 신흥국의 외화차입금은 미국 금리 상승에 매우 취약하다는 약점을 갖고 있습니다. 1980년대 초반 볼커의 미국 기준금리 인상으로 금리가 급등하면서 신흥국은 곧바로 엄청난 충격을 받았습니다. 게다가 달러가 초강세로 움직이면서 달러로 빌렸던 차입금이 기하급수적으로 증가해 많은 중남미 국가가 모라토리엄^{moratorium}(지불유예)을 선언했습니다.

그중에서도 가장 큰 충격을 받은 곳은 수입 대체 산업화가 활발하

표 3-3 ▶ 미국의 긴축 정책에 충격을 받은 중남미 국가들의 인플레이션율

(단위: %)

국가	1960년대	1970년대	1980~1985년	1986~1989년
인플레이션율이 높은 국가				
아르헨티나	22.9	132.8	335.5	1,392.1
브라질	45.8	30.5	142	795.6
칠레	25.1	174	23.8	18.3
페루	9.8	26.5	97.3	1,169.2
평균	36.6	53.7	224.0	844.8
인플레이션율이 중간인 국가				
콜롬비아	11.2	19.3	23.1	24.8
코스타리카	2.0	10.4	34.2	16.8
에콰도르	4.2	11.9	25.6	49.9
멕시코	2.7	14.7	56.4	84.1
평균	4.7	15.3	45.1	63.5
인플레이션율이 낮은 국가				
파나마	1.0	6.0	5.0	0.4
베네수엘라	1.1	6.6	12.9	42.3
평균	1.1	7.9	11.9	24.0

출처: IMF

게 진행됐던 아르헨티나, 브라질, 칠레, 페루 등 남미 코노 수르 지역 국가들이었습니다. 멕시코, 콜롬비아, 베네수엘라 등의 원유 수출국들은 원유 수출에 따른 외화 유입으로 자국 화폐의 급격한 가치 하락을 막을 수 있었기 때문에 상대적으로 낮은 수준의 인플레이션율을 기록했습니다.

1980년대 중남미의 높은 인플레이션율을 바라보는 두 가지 시각이 있습니다. 하나는 고전적이고 정통적인 이론을 주장하는 통화주의(IMF

와 글로벌 투자자들)이고, 다른 하나는 라틴아메리카 경제위원회[CEPAL]의 신구조주의입니다.

당시에는 통화주의적 해석과 구조주의적 해석이 우열을 가리기 어려울 정도로 강하게 대립했는데, 실제 1980년대 초반 중남미 정부 대부분은 비정통파 구조주의 정책을 선호했습니다. 정통파 정책이 안정화를 달성하기 위해서 더 효과적일지는 모르지만 높은 사회적 비용을 초래한다는 것이 이유였습니다. 구조주의 정책도 긴축재정의 필요성은 인식했지만 경기를 악화시킬 수 있는 긴축 같은 처방보다는 노사 간 합의를 통한 임금 억제나 가격 통제 같은 미온적인 방법을 선호했습니다.

특히 1980년대 초반 권위주의 정부에서 민주정부로의 이행이 활발히 진행되는 등 정치적 불안정성이 높았던 중남미는 구조주의적 정책이 정치적 안정을 위해서 더 유효하다고 판단했습니다. 이제 막 민주화를 달성한 중남미 국가들은 높은 사회적 비용을 요구하는 정통파 정

표 3-4 ➤ 중남미 통화주의와 구조주의 논쟁

구분	통화주의	구조주의
기본 인식	하이퍼인플레이션은 경제에 좋지 않다. 수요 감소와 긴축을 통한 안정이 필요하다.	하이퍼인플레이션도 문제지만 긴축이 가져오는 경제 성장 둔화는 더 좋지 않다. 긴축 및 수요 감소 거부
인플레이션 원인	재정적자 → 화폐량 증가 → 초과 수요	구조적 불균형
인플레이션 처방	재정적자 및 화폐량 축소를 통한 수요 감소	가격 통제, 임금 상승 억제
주장하는 그룹	IMF와 시카고학파	라틴아메리카 경제위원회(CEPAL)와 좌파 경제학자

출처: Devlin Robert(1989), IMF, 라틴아메리카 경제위원회(CEPAL)

책보다는 노사 간 사회적 합의를 통해 경기 후퇴 없이 가격 안정을 이룬다는 비정통파 정책에 더 끌릴 수밖에 없었습니다.

그러나 정통파 정책이 인플레이션을 통제하는 데 성공한 반면, 비정통파 정책은 초반에는 약간의 성과를 거두었지만 결국 인플레이션을 통제하는 데 실패했습니다. 칠레와 볼리비아 등 정통파 정책을 실현한 국가들은 1980년대 후반에 안정적인 물가 상승률을 기록했지만, 비정통파 정책을 추진한 아르헨티나와 브라질은 혼란스러운 정책 변경을 계속한 후 네 자릿수 하이퍼인플레이션을 기록하기도 했습니다.

이렇게 비정통파 정책이 실패한 것은 가격 통제와 임금 억제는 일시적으로 인플레이션을 완화할 수 있지만 통화량의 감소가 동반되지 않아 물가가 다시 상승했기 때문인 것으로 평가되고 있습니다. 브라질이 1985년 이후 약 10년간 하이퍼인플레이션을 겪은 것도 민주정부 수립과 대통령 당선자의 급작스러운 죽음 등 드라마틱한 스토리가 전개되는 가운데, 개혁을 추진할 만한 정치적 자본이 부족했으며 인플레이션 통제 정책이 연속적으로 실패했기 때문입니다.

21세기에도 하이퍼인플레이션을 겪는 나라들

1990년대 후반 소비에트 연방이 해체되면서 러시아를 비롯해서 관련 국가들이 하이퍼인플레이션을 경험했습니다. 특히 1994년 아르메니아의 연간 인플레이션율은 2만 7,000%에 달하기도 했습니다. 1991년 중남미의 니카라과도 약 6만 퍼센트의 인플레이션율을 기록했습니다. 21세기에도 하이퍼인플레이션을 겪는 나라가 있는데요. 대표적인 나라가 아프리카의 짐바브웨와 중남미의 베네수엘라입니다.

짐바브웨

2008년 여름 짐바브웨는 세계에서 가장 높은 연간 1,100만 퍼센트의 인플레이션율을 기록했는데요. 1999년부터 2008년까지 10년간 인플레이션율이 약 4조 5,000억 퍼센트 증가했다고 합니다. 최근 자료인 2021년 2월 소비자물가지수[CPI]를 보면 소폭 완화되긴 했지만 여전히 전년 동월 대비 320%에 달합니다. 이렇게 통제하기 어려운 하이퍼인플레이션이 발생한 원인은 짐바브웨의 역사에 뿌리를 둔 정치적 불안정으로 귀착됩니다.

1970년대까지 짐바브웨는 아프리카로 이주했던 유럽 출신 백인들에 의해 통치됐습니다. 흑인 정부가 들어선 초기에도 대부분의 농장과 경제권은 백인들의 수중에 있었는데, 소득 격차에 대한 불만이 제기되면서 결국 짐바브웨의 무가베 대통령이 백인들의 농장을 몰수하여 자신의 정치적 지지자들에게 넘겨주면서 장기 통치의 기반을 다졌습니다. 농장 몰수는 짐바브웨의 생산 시스템을 마비시켰고, 그 결과 경제성장과 세수의 기반이 붕괴됐습니다. 세금 확충이나 지출 축소를 통해 국가 재정을 확보하기 어려워진 상황에서 무가베가 장기 독재정치를 추구하면서 글로벌 시장에서 차입도 불가능해졌습니다. 이에 짐바브웨 정부는 적자를 메우고 지출에 필요한 화폐를 찍어내는 일을 반복하면서 결국 엄청난 하이퍼인플레이션을 발생시켰습니다.

베네수엘라

베네수엘라는 중남미 전체가 엄청난 인플레이션과 경제적 혼란을 겪었던 1980년대에는 오히려 견조한 모습을 보였습니다. 원유 매장량 세계 1위인 데다 석유수출기구^{OPEC}를 출범시킨 자원 부국으로서 중남미 국가들의 부러움을 샀습니다. 그러나 1990년대 이후 정치·경제적인 혼란을 극복하는 데 실패하면서 2010년대 이후 극심한 하이퍼인플레이션의 악순환에 빠져버리고 말았습니다.

베네수엘라의 하이퍼인플레이션은 2010년대 국제유가가 급락하면서 발생했지만, 문제는 오래전부터 내재해 있었습니다. 첫 번째 문제는 베네수엘라 경제가 지나치게 석유에 의존하는 경제구조였다는 것입니다. 국제유가의 급변동에 경제가 롤러코스터를 타는 것처럼 변동성이 컸습니다. 러시아, 브라질 등의 국가에서는 이런 변동성을 완화하기 위해서 2000년대 이후 국부펀드로 해외 투자를 하거나 외환 보유고를 늘리는 방식으로 안전장치를 마련하고 제조업과 서비스업 등의 다양한 산업으로 다변화를 모색했습니다. 그러나 베네수엘라는 복지관련 지나친 지출과 타 국가에 대한 과도한 지원으로 외환을 축적하지 못했습니다.

두 번째는 미국과 외교적 갈등을 빚으면서 수입 대체 산업화 등 강한 규제정책을 추진함으로써 경제 전반의 활력을 위축시켰다는 것입니다. 국영석유공사^{PSVA}를 비롯하여 주력 산업들이 국유화됐고 상품 가격을 동결하고 외환을 통제하는 등 글로벌 시장의 변화와 반대로 가는 정책을 취하면서 세계 경제 시스템에서 배제됐습니다.

세 번째는 정치적 문제 해결 능력이 크게 약화됐다는 것입니다. 이미 오래전부터 베네수엘라의 정치 체제는 심각한 문제를 안고 있었습니다. 특히 1980년대 수십 년을 집권했던 정치·경제 엘리트들의 경제정책 실패, 이에 대한 반발과 분배정의를 추구하는 새로운 세력의 등장과 충돌이 반복되면서 정치·경제적 혼란이 가중됐습니다. 지나친 복지 정책 추진으로 베네수엘라를 하이퍼인플레이션으로 몰고 간 것은 차베스지만, 그런 정권이 만들어진 원인은 그 반대쪽에 포진했던 기존의 정치 세력들이 제공했다는 것입니다.

네 번째는 원유 판매수익에도 불구하고 과도한 재정 지출로 재정건전성이 구조적으로 악화되면서 화폐를 마구 발행했다는 것입니다. 이는 현재 하이퍼인플레이션의 직접적인 원인이 됐습니다. 재정이 악화됐음에도 차베스가 약속한 무상교육, 의료지원, 저소득층 보조금 지급 등의 복지 확대로 단기간에는 실업률과 빈곤율이 감소하고 문맹률이 떨어지는 효과가 있었습니다. 그러나 과도한 복지 관련 지출은 국가 재정을 크게 악화시켰고 국제유가마저 급락하면서 화폐를 찍어냈는데, 이는 전형적인 정책 실패로밖에 볼 수 없습니다.

인플레이션 파이터 볼커와
신자유주의자 그린스펀

___

연준의 전설적인 인플레이션 파이터, 폴 볼커

12대 연준 의장을 지낸 폴 볼커(1979~1987년 재임)는 엄청난 영향력을 발휘하면서 연준의 위상을 급격히 높인 인물로 평가받습니다. 그 전엔 연준 의장의 위상이 지금처럼 높지 않았습니다.

볼커는 '인플레이션 파이터'란 별명으로 유명합니다. 당시 미국 경제는 심각한 인플레이션과 경기 침체가 동반된 스태그플레이션 상태였기 때문에 금리를 올리기가 쉽지 않았습니다. 그러나 볼커는 연준의 임무는 '인플레이션 용inflationary dragon'을 죽이는 것, 즉 '인플레이션과 전쟁을 하는 것'이라고 말하면서 금리를 급격히 올렸습니다.

1970년대 초 1~4%에 불과했던 미국 연평균 소비자물가 상승률은 1979년 11%를 기록했습니다. 1981년 13%까지 치솟았던 물가를 잡기 위해 볼커는 1979년 취임 당시 연 11.2%였던 기준금리를 3개월 만에 연 14%대로 올렸습니다. 그럼에도 물가가 안정되지 않자 1981년에는 기준금리를 연 20%대까지 끌어올렸지요. 초고금리 정책으로 각계의 반발을 사기도 했지만, 그는 결국 물가와의 전쟁에서 승리했습니다. 연 14%까지 올라갔던 물가 상승률은 1983년 3.2%로 떨어졌고, 볼커가 퇴임하던 1987년엔 4% 수준을 유지했습니다.

볼커의 고금리 정책 영향으로 6%대이던 실업률이 10%로 높아지면서 대중의 반감이 커지기도 했습니다. 그러나 인플레이션 통제에 성공하면서 1980년대 이후 장기 호황의 토대를 만들었다는 점에서 매우 긍정적인 평가를 받고 있습니다.

앨런 그린스펀, 마에스트로 또는 금융위기의 주범?

앨런 그린스펀(1987~2006년 재임) 전 연준 의장은 절묘한 통화정책으로 고성장, 저물가의 '골디락스 경제'를 구현했다는 평가를 받습니다. 1990년대 미국 경제는 1960년대(1960~1973)의 '팍스 아메리카나'에 버금가는 안정 속 풍요를 누렸습니다.

　그린스펀은 경기 침체가 본격화하기 전 금리와 유동성을 조절해 경제를 안정적 성장 상태로 유지하는 선제적 통화정책을 사용한 것으로 유명했습니다. 취임 직후인 1987년 10월 19일 미국 다우지수가 22.6% 폭락한 '블랙 먼데이' 사태가 발생하자 그는 다음 날 증시 개장 직전 유동성 공급 방침을 밝히며 시장을 안정시켰습니다. 당시 그가 발표한 "연준은 유동성을 공급해 미국 경제 및 금융 시스템을 지원할 만반의 태세를 갖추고 있다"라는 한 줄짜리 성명서는 강력한 위력을 발휘했습니다. 동시에 그린스펀은 기준금리를 6개월 새에 7.25%에서 6.5%로 0.75%p 빠르게 인하했고, 이것이 전 세계로 확산된 주가 급락에 브레이크를 거는 데 결정적인 역할을 했습니다.

　1990년 걸프전으로 국제유가가 급등했을 때는 시장의 예상보다 한 발 앞서 금리를 올린 뒤 유가가 내리자마자 금리를 인하해 경기를 떠받쳤습니다. 이후 아시아 외환위기, 러시아 디폴트 등 세계 경제에 위기가 닥칠 때마다 그린스펀은 금리를 과감히 낮췄습니다. 2000년 닷

그림 3-34 ▶ 골디락스 경제를 구현한 앨런 그린스펀

그린스펀의 일곱 가지 원칙

❶ 세상은 불확실성으로 가득 차 있다. 경제 모델에 의존하지 마라.

❷ 유연하게 생각하라. 통화주의니 케인스주의니 하는 독트린에 갇히지 마라.

❸ 금리를 0.5%p 올린 뒤 다시 0.25%p 내리는 식의 우를 범하지 마라. 점진적으로 움직여라.

❹ 경제 예측에 지나치게 의존하지 마라. 지금 경제 현장에서 어떤 일들이 벌어지고 있는지, 그중 어느 것이 일시적이고 어떤 것이 지속될 것인지 파악하라.

❺ 현실에서 최적화는 통하지 않는다. 문제는 리스크 관리다.

❻ 물가를 잡는 것도 중요하지만 불황을 막아야 한다. 불황은 사회 전체에 엄청난 고통을 초래하기 때문이다.

❼ 통화정책으로 모든 것을 달성할 수는 없다. 그렇더라도 목표는 높게 가져라.

컴 버블 붕괴 때는 금리를 2년여에 걸쳐 연 6.5%에서 연 1%까지 내렸고, 이를 통해 미국은 물론 전 세계 경제가 호황을 맞았습니다. 이러한 그린스펀의 선제적인 금리 정책을 '그린스펀 풋^{put}'이라고 합니다. 풋옵션처럼 주가가 내릴 때마다 그린스펀이 어김없이 살려놓을 것으로 기대한다는 뜻이죠.

또한 그린스펀은 선제적 금리 정책을 펼쳤을 뿐 아니라 대형 금융위기에서는 공격적인 대응을 하기도 했습니다. 1998년 헤지펀드인 LTCM 파산 위기 때 14개 금융회사들에 압력을 행사해 36억 달러(약 3조 9,000억 원)의 구제금융을 끌어냈습니다. 거대 헤지펀드의 파산이 대규모 금융위기로 번지는 사태를 막기 위해 '노골적 시장 개입'이라는 선례를 만든 것입니다.

그린스펀은 세계 경제를 쥐락펴락하는 마법사 또는 마에스트로라는 찬사를 받았지만, 한편으로는 2008년 글로벌 금융위기의 빌미를 제공했다는 비판을 받고 있습니다. 지나치게 오랫동안 저금리 정책을 유지하면서 닷컴 버블과 부동산 버블을 만들어 세계 경제를 파국으로 몰아넣었다는 것이죠.

1980년대 이후 인플레이션 통제는 중앙은행의 대담한 대응과 함께 강력한 사회적 합의가 있었기에 가능했다

1970년대 연준의 독립성이 심각하게 훼손된 이후 1980년대 볼커 연준 의장이 금리 인상을 통해 인플레이션 통제에 성공하면서 '인플레이션 파이터'로서의 중앙은행에 대한 신뢰가 높아졌습니다. 여론 또한 1970년대 완전고용과 경제 성장에 집착했던 분위기와 달라지면서 연준이 강력한 긴축 정책을 추진하는 데 힘을 실어주었습니다.

1970년대 후반 연준은 금리 목표 설정을 중지하고 여러 통화량 지표에 대한 목표 범위를 발표하는 등 통화주의 경제 정책을 도입하기도 했습니다. 이러한 정책 수단은 통화주의 정책에 종속되지 않고 유연하게 변화되면서 안정적이고 투명한 다양한 정책 수단을 만들어냈습니다. 1980년대 후반에는 화폐 유통 속도가 불규칙적으로 움직이면서 통화량에서 다시 금리 중심으로 정책 수단을 변경했습니다.

이후 인플레이션율과 총생산 갭을 고려하여 금리를 결정해야 한다는 테일러 준칙, 인플레이션 목표를 설정하고 이를 달성하기 위해 통화정책을 추진해야 한다는 인플레이션 목표 제도 등이 제시되기도 했습니다. 또한 시장과의 소통도 적극적으로 진행하면서 통화정책 결정에 대한 논의 자료가 공표되기 시작했고, 향후 통화정책에 대한 방향을 시장이 예상할 수 있도록 점도표가 도입되기도 했습니다.

2008년 금융위기 이후 양적완화의 시대

금융위기 이후 금리는 정책적으로 어떻게 움직였는가

2008년 금융위기 이후

2008년 서브프라임 금융위기가 발생한 이후 미국은 재정정책과 비전통적 통화정책(세 번의 양적완화)을 통해 금융 시장에 대규모 유동성을 공급했습니다. 글로벌 금융위기 때 리먼브러더스라는 대형 투자은행이 파산하면서 주요국 정부는 중요한 교훈을 얻었는데요. 미국의 대형 은행도 파산할 수 있다는 것을 보여주면서서 '대형 은행은 너무 커서 파산하지 않는다Too big to fail(대마불사)'라는 기존의 믿음을 깨뜨렸습니다. 그 결과 은행들에 대한 서로의 의심이 높아지면서 엄청난 신용경색을 불렀고 글로벌 금융 시장을 파국으로 만들어버린 것이죠. 이런 금융 시장의 혼란을 수습하기 위해서는 금리를 제로까지 인하하고 대규모로 채권을 매입하는 양적완화를 시행하는 등 전보다 훨씬 더 많은 유동성 공급이 필요하다는 점을 알게 된 것입니다.

미국 정부는 또한 대형 은행들의 서로에 대한 의심이 커지면서 발생한 거래 상대방 리스크$^{counterparty\ risk}$를 완화하고 대형 은행의 파산을 더는 용인하지 않겠다는 의지를 보이기 위해 취약해진 은행들에 대한 구제금융을 단행했습니다. 대마불사라는 도덕적 해이를 막기 위해 대형 은행을 파산시켰더니, 파산으로 인한 파장이 너무 커지고 확산되면서 금융 시장을 회복시키는 데 들어가는 비용이 엄청나게 컸던 것이죠. 이를 통해 선진국 주요 정부들과 중앙은행들은 금융 시장과 경제 상황이 악화될 때, 이벤트가 발생하고 나서 회복시키는 것보다 문제가 발생하기 전에 선제적인 조치를 통해 상황을 완화시키는 것이 비용이 훨씬 적게 든다는 것을 경험하게 됐습니다.

이런 교훈을 통해 미국의 연준은 이후 글로벌 이벤트가 발생하면서 시장 상황이 악화될 때 빠르게 선제적인 대응으로 금리 인하와 더불어 양적완화라는 비전통적인 통화정책으로 경기 부양에 나서게 됩니다. 2010년 그리스 등 유럽 재정위기가 발생하면서 글로벌 금융 시장의 변동성이 커졌을 때는 미국 경제 체력이 현저히 낮은 상태라 재정정책과 더불어 두 번째 양적완화를 발표하면서 경제를 부양하기도 했습니다. 그러나 미국의 부채한도를 두고 대립이 심했던 2012년 9월에는 신용등급이 AA+$^{(S\&P)}$로 하락한 상황이라 추가적인 재정정책을 사용할

그림 3-35 ▶ 2010년대 인플레이션과 금리 추이

출처: 블룸버그

수 없는 상황이었습니다. 2012~2013년 공화당의 반대로 연방정부가 일시적으로 문을 닫는 셧다운과 재정절벽이 발생하자 재정정책의 도움을 더는 받을 수 없었던 것이죠. 따라서 유사한 효과를 내기 위해 세 번째 양적완화에서는 '기한이 없는 무제한 양적완화'라는 강력한 통화정책을 사용할 수밖에 없었습니다.

브라질의 기도 만테가Guido Mantega 같은 신흥국 재무장관들은 이러한 양적완화가 미국에만 이득이 된다고 비판하기도 했습니다. 미국은 '양적완화 정책으로 미국 경제가 회복되면 세계적 경제 침체도 빠르게 회복될 것이며, 이는 곧 신흥국 경제 회복에도 도움이 된다'라는 논리를 펴고 있었습니다. 이런 상황에서 버냉키는 미국을 좇아 과감한 금융완화 정책을 준비하는 일본과 유럽을 옹호하는 것이 필요했습니다.

이렇게 일본, 영국, 유럽 중앙은행도 유사한 통화정책을 통해 대규모 유동성을 공급하면서 2009년 이후 유동성이 전 세계로 퍼져나갔고 신용경색에 허덕이던 각국 금융 시장과 실물 경제 회복을 지원했습니다. 한편으로는 이러한 유동성이 유입되면서 신흥국들의 인플레이션 율과 환율 가치가 높아져 자산 가격 버블이 초래되기도 했습니다.

2009년에 금융위기 이후 처음으로 경기 회복 기대가 높아지면서 인플레이션에 대한 기대감이 높아지기도 했습니다. 8월에는 1주일 만에 기대인플레이션율이 50bp가량 급등한 적도 있었습니다. 2009년 말 2%를 넘었던 물가 상승률은 2010년 유럽 재정위기 가능성이 불거지면서 다시 하락 전환됐습니다. 한편 국제유가가 100달러를 넘어서고 농산물 가격이 급등했던 2011년에 물가 상승률은 3%를 넘어 4% 부근까지 육박하다가 하락하기도 했습니다. 이후 2010년대 미국의 소비자기대물가지수는 2%를 중심으로 등락을 거듭하게 됩니다.

2013년 테이퍼링 발작

그러던 2013년 5월, 버냉키 의장이 금융위기 이후 계속된 양적완화를 통한 유동성 공급을 점진적으로 축소하겠다는 '테이퍼링tapering'을 발표하면서 금융 시장이 크게 동요하게 됩니다. 같은 긴축이면서도 금리 인상을 의미하는 '타이트닝tightening'과 달리 테이퍼링은 수도꼭지를 조금씩 잠그는 것처럼 자산 매입 규모를 줄여나가는 방식이었음에도 신흥국 금융 시장이 엄청난 충격을 받았던 것입니다.

당시 신흥국 중에서 취약한 5개국Fragile 5이 인도, 인도네시아, 브라질, 터키, 남아공이었습니다. 금융위기 이후 전 세계로 퍼져나간 유동성이 축소될 것이라는 우려가 높아지면서 이 5개국을 중심으로 신흥국 환율이 20%가량 하락하고, 자산 가격이 급락하는 '금융 시장 발작Tapering

Tandrum'이 일어났습니다. 2013년 6월 19일 미국 FOMC 회의에서 버냉키 의장이 연말부터 자산 매입 프로그램의 축소 가능성을 언급하면서 당일 미 국채 10년물 금리가 17bp 급등하는 등 금융 시장이 격하게 반응했습니다. 이후 미국 연준은 테이퍼링을 약간 지연시켰고 금리 인상 등의 통화정책 정상화까지 약 2년 반가량을 기다려주었습니다. 테이퍼링을 언급한 2013년 하반기에 미국 정부는 경기 회복에 상당 부분 자신감을 갖고 있었지만 글로벌 금융 시장이 동요하는 것에 민감하게 반응하여 신중한 태도를 보인 것입니다. 이러한 태도는 금융 시장 참가자들이 금융위기 이후 '미 연준은 주가에 예민하고, 금융 시장의 발작에 취약하다'라는 믿음을 갖게 했습니다. 이로 인해 미 연준은 기준금리를 제로로 인하한 2008년 12월 이후 7년이 지난 2015년 12월에야 금리 인상을 시작할 수 있었습니다.

2014년~2015년 금리 인상 전의 두려움

테이퍼링으로 인한 신흥국 발작 이슈가 다소 잠잠해진 2014년 하반기 부터 미국 연준은 본격적인 금리 인상 논의를 시작하게 됩니다. 금융 위기 이후 완화적인 통화 사이클이 계속된 7년 만에 처음으로 인상 사이클이 시작된 것이기 때문에 시장의 우려는 엄청나게 커졌습니다. 연준은 과거에도 금리 인상을 한 번 시작하면 계속해서 금리가 인상되는 사이클로 수년간 지속되는 경향이 있었기 때문입니다. 따라서 '지금부터 계속 금리가 올라가면서 글로벌 유동성의 축소가 시작되겠구나' 하는 공포가 시장을 뒤덮었습니다.

이때부터는 미국 금리가 7년간의 완화적인 통화정책을 끝내고 언제 인상이 시작될 것인지에 전 세계 금융 시장이 민감하게 반응하면서 크게 흔들리는 상황이 발생했습니다. 금리 인상은 미국 경제가 불황에서 벗어나 본격적인 호황에 들어갔다는 것을 보여주는 징표였음에도 금융 시장은 경제의 회복이라는 호재보다는 글로벌 유동성 축소라는 악재에 크게 반응했습니다.

2014년 하반기 미국은 경제 성장률이 증가했을 뿐 아니라 실업률도 현저히 낮아지면서 경제 회복에 대한 자신감을 갖게 됐습니다. 미국이 점진적으로 통화정책의 정상화를 예고한 가운데 달러가 강세를 보이기 시작했습니다. 미국 경제가 전 세계에서 가장 빠르게 회복되면서 금리도 높아진다면 전 세계로 풀렸던 글로벌 투자자금이 다시 미국으로 몰려갈 것으로 보았기 때문입니다. 이후 달러는 2014년 6월 85에서 2016년 1월 100까지 초강세를 보였습니다.

달러 강세는 미국 경제 자체에도 상당한 충격을 주었습니다. 달러 강세는 우선 미국 기업들의 수출 여건을 악화시켰습니다. 금융위기 이후에도 5년 동안 계속된 달러 약세는 미국 기업들이 수출 확대를 통한 펀더멘털 회복에 크게 기여했습니다. 이어 기업 투자가 살아났고 고용이 회복되면서 민간 소비의 증가로 이어진 것입니다. 따라서 달러 강세로 인한 수출의 위축은 어렵게 회복된 미국 경제를 다시 약화시킬 수도 있었습니다. 또한 달러 강세는 수입물가를 낮추면서 물건 가격이 낮아지는 효과를 보였습니다. 낮은 물가는 소비에 도움이 될 수 있지만 저물가 상황이 장기화되면 일본이 그랬던 것처럼 디플레이션 기대심리가 지속되면서 소비가 위축되는 상황이 만들어질 수도 있었습니다. 달러 초강세가 이어지면서 2015년 내내 이러한 우려가 미국 경제를 압박했고, 기업의 수출도 위축되면서 다시 경제 성장률 하락으로 연결됐습니다. 금리 인상에 대한 압박으로 발생한 달러 초강세는 결국 연준으로 하여금 금리 인상의 속도를 다시 늦추도록 만들었습니다.

미국 금리 인상에 가장 크게 영향을 받은 지역은 신흥국이었습니다. 5년간 엄청난 규모의 유동성으로 보강된 글로벌 투자자금은 달러 약세와 함께 보다 높은 금리와 성장을 좇아 신흥국으로 흘러들어 갔는데요. 이에 따라 2010년대 초반 신흥국 환율의 강세와 금융자산의 강세가 연출된 것입니다. 이런 상황에서 미국의 금리 인상은 달러의 매력을 높이면서 글로벌 투자자금을 다시 회수하게 하는 엄청난 악재로 작용한 겁니다. 반대로 신흥국에는 급격한 자금 유출로 인한 환율 약세에 그치지 않고, 달러 유동성이 풍부했던 시기 조달했던 달러를 상환해야 하는 외환유동성 위기로 연결됐습니다.

2013년 테이퍼링 발작에 이어 2014년 하반기 미국이 점진적이나마 금리 인상을 언급하면서 신흥국들의 외환유동성 환경은 급작스럽게 악화됐습니다. 특히 달러로 조달한 자금이 많았던 터키 같은 국가들은 미국 금리 상승과 달러 강세하는 두 가지 측면의 부담을 한꺼번에 떠안게 됐습니다. 게다가 달러 강세는 원자재 가격을 하락시키면서 원자재 수출 의존도가 높은 신흥국들을 강타했습니다. 부채 상환 부담이 늘어난 데다 원자재를 팔아서 얻는 핵심 수입이 감소했기 때문입니다. 브라질, 러시아, 남아프리카공화국 등이 2014년 이후 급격한 환율 하락을 겪은 배경이 바로 이것입니다. 거기에 러시아는 2014년 크림반도 병합으로 미국과 서방의 제재를 받으면서 지정학적 위기가 최고조에 달해 환율이 달러당 85루블까지 급락하기도 했습니다.

달러 강세와 함께 일본과 유럽, 중국이 환율전쟁을 본격적으로 벌이면서 2015년 신흥국 시장은 더욱 어려워졌습니다. 일본은 아베가 재집권한 2012년 이후 2013년과 2014년, 무제한 양적완화(양적질적완화 QQE)를 실시하면서 엔화를 약세로 전환시켰고, 유로존은 마리오 드라기Mario Draghi 유럽중앙은행ECB 총재가 등장한 이후 2015년 3월 늦게나마 ECB를 통해 양적완화를 실시하면서 유로화를 약세로 만들었습니다. 글로벌 교역의 성장을 위해서는 한쪽이 수출 확대를 하면 다른 한쪽이 수입을 해야 하지만, 2015년은 모두 자국 환율 약세를 통한 수출경기 회복을 추구하면서 글로벌 경제 성장을 약화시키고 있었습니다. 거기에 2015년 하반기에는 중국의 위안화가 절하되면서 중국을 비롯한 신흥국 금융 시장의 발작은 더욱 심화됐습니다. 2015년 12월 미국이 약속했던 기준금리를 올린 이후 2016년 초반 연속해서 금리를 올리지 않은 이유는 그 때문이었습니다.

기준금리 인상과 2016년 글로벌 공조

미국이 2008년 금융위기 이후 7년 만에 첫 번째 기준금리를 인상하기로 하기 전 시장은 무척 예민했지만, 2015년 12월 실제 인상할 때 시장은 담담하게 반응했습니다. 이미 오래전에 예고된 금리 인상이었기에 혹시라도 금리 인상을 하지 않는다면 경제 펀더멘털에 대한 다양한 추

그림 3-36 ▶ 연준의 스탠스가 2018년 하반기 이후 증시의 주요 변곡점을 형성

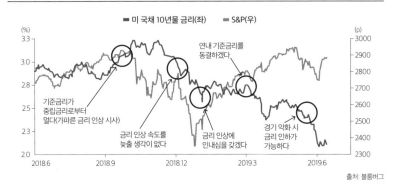

출처: 블룸버그

측을 낳으면서 혼란에 빠질 수 있는 상황이었기 때문입니다. 예정된 수순을 밟았다는 평가가 많았고 지나친 확대 해석도 별로 없었습니다. 그러나 시장 참여자들은 부담을 느낄 수밖에 없었는데, 다가오는 2016년에 금리를 네 번 인상하겠다고 예고했기 때문입니다.

　2016년 초반 금리 인상에 부담을 느낀 금융 시장이 급격하게 흔들렸고 연준 의장은 예고했던 2016년 네 번의 금리 인상을 연기하게 됐습니다. 미국은 기준금리 인상을 지연시키면서 달러를 약세로 전환시키려고 했습니다. 또한 2016년 2월 G20회의를 통해 일본 및 유럽 등과 자국 통화를 약세로 유도하는 환율전쟁을 자제할 것을 합의했습니다. 중국은 미국 금리 인상이 멈춰지자 자국의 금리를 인하하고 위안화 환율을 다시 절상시켰습니다. 이것이 '2016년 달러 약세를 위한 국제 공조'였습니다. 달러의 초강세가 멈춰지면서 글로벌 금융 시장은 빠른 회복세를 보였습니다. 미국뿐 아니라 달러 강세로 어려웠던 신흥국, 유럽과 일본 등 전반적인 글로벌 경제 성장이 회복 추세를 보였

습니다.

2016년 6월 브렉시트로 글로벌 금융 시장이 다시 혼란에 빠지자, 미국 연준은 다시 한번 금리 인상을 미루면서 글로벌 금융 시장을 안정화시켰습니다. 그리고 재닛 옐런 미국 연준 의장은 '고압경제high-pressure economy'라는 개념을 통해 저성장이 고착화된 경제에서는 경기가 약간 과열되더라도 용인할 수 있다라고 주장했습니다. 구조적인 저성장을 벗어나기 위해서는 약간의 자산 시장 과열이 발생하더라도 금리를 빨리 올리지 않겠다는 얘기로 금융 시장이 받아들이면서 이후 미국 주식 시장에 상승 동력으로 작용할 수 있었습니다.

결국 연준은 주식 시장의 성승을 망가뜨리지 않을 정도로 기준금리를 천천히 인상할 것이고, 인상한다 해도 금융 시장의 급격한 조정을 야기하지 않을 것이라는 믿음을 금융 시장에 준 것입니다. 이후 2017년 연준이 세 차례의 금리 인상을 했음에도 글로벌 주식 시장은 활황이었습니다. 이는 미국 경제와 글로벌 경제가, 그리고 글로벌 금융 시장이 미국의 금리 인상을 충분히 견딜 수 있을 만큼 좋았기 때문이라고 볼 수 있습니다.

2018년 달러와 금리

2018년부터 주요국들의 환율을 약세로 만들려는 환율전쟁이 부각되면서 달러는 당시 강세로 전환됐습니다. 특히 트럼프 정부의 대규모 감세 정책이 의회를 통과하면서 선진국 중에서 경제 성장률이 가장 높은 미국으로 자금이 유입되기 시작했습니다. 2017년 3%를 기록한 미국 경제 성장률은 2018년에도 2.5%를 기록하면서 성장세가 계속된 반면, 신흥국들은 경제 성장률이 둔화되면서 위기론이 부상하기도 했습니다.

트럼프의 집권과 함께 물가 상승률이 빠르게 증가하기 시작했고 2017년과 2018년까지 2%를 넘어섰습니다. 트럼프의 감세 정책과 대규모 인프라 투자 정책이 미국의 경제 성장률을 끌어올리면서 인플레이션 기대가 다시 높아진 것입니다. 2018년 2월부터 미국 금리의 네 차례 인상 계획까지 겹치면서 2018년 초반 랠리를 보였던 위험자산 가격들이 흔들리기 시작했습니다. 특히 4월 러시아의 알루미늄 업체 루살 등에 대한 제재로 러시아 금융 시장이 급락한 데 이어, 아르헨티나의 외환유동성 위기로 IMF 구제금융 신청이 이어지면서 신흥국 위기론이 부상했습니다. 2018년 미국은 감세 효과 등으로 네 차례 금리 인상 정도는 충분히 극복할 수 있었지만, 펀더멘털이 약한 신흥국들은 강하게 흔들렸습니다.

게다가 미국이 중국과 무역전쟁을 시작하고 대중 관세를 올리면서 글로벌 금융 시장이 혼란에 빠졌습니다. 3월 아르헨티나, 4월 러시아에 이어, 5월에는 터키, 6월 브라질로 확산되면서 신흥국 금융 시장이 급락했습니다. 미·중 무역전쟁으로 글로벌 경제 성장에 대한 우려가 높아진 데다 미국의 금리 인상으로 글로벌 유동성 축소가 불러올 금융 시장 혼란에 대한 두려움이 겹쳐지면서 신흥국 시장에 대한 불안감이 가중됐습니다. 그럼에도 미국 주식 시장은 미국 경제 펀더멘털에 대한 강한 믿음을 바탕으로 계속 상승했습니다.

2018년 하반기로 넘어오면서 감세 효과가 희석되기 시작한 데다 미·중 무역갈등이 점차 악화되면서 단순한 무역갈등이 아니라 패권전쟁으로 인식돼 미국 금융 시장도 약화되기 시작했습니다. 미국 혼자만의 성장이 계속되면서 달러가 강세를 보였고 수출품 가격이 오르는 등 미국의 수출도 어려워지기 시작했습니다. 사상 최고치를 경신하고 있는 미국 주식 시장도 버블의 조짐을 보이고 있는 데다 미국 경제가 견조한 흐름을 보여주고 있어 연준이 금리 인상을 미루지 않겠다는 의지를 보여주면서 미국 금융 시장마저 혼란에 빠졌습니다.

나 홀로 성장하던 미국마저 위축되는 데다 연준의 금리 인상은 계속될 것이라는 두려움에 금융 시장이 공포에 사로잡히면서 2018년 4분기 글로벌 주식 시장이 급락했습니다. 2019년 초 제롬 파월 연준 의장이 금리 인상을 당분간 멈추겠다고 발표하면서 2019년 상반기 금융 시장의 랠리를 가져올 수 있었습니다.

2019년 금리 인하 사이클로의 전환

2018년 말 금융 시장의 혼란을 경험한 미 연준이 2019년 초반 금리 인상 연기를 발표한 것은 글로벌 경제 환경이 악화되고 있는 가운데, 연준의 금리 인상으로 미국의 경제 성장을 저해하는 것을 두려워했기 때문입니다. 2018년 말 경기 침체 우려가 높아지면서 비관적이었던 위험자산들은 금리 인상 이슈가 완화되면서 랠리를 보였고, 특히 미국 주식 시장은 다시 전고점을 경신하는 놀라운 반등을 보여주었습니다. 또한 악화일로를 걷던 미국과 중국의 무역갈등이 11월 아르헨티나

G20회의 이후 타협적인 모습을 보여주면서 협상 타결에 대한 기대감이 높아진 것도 크게 기여했습니다. 이때 달러는 소폭 완화되는 모습을 보였지만 약세 폭은 크지 않았습니다.

미국 금리 인상이 연기되면서 중국은 경기 부양을 단행했습니다. 지급준비율과 단기 금리를 인하하는 통화정책과 함께, 디레버리징 정책을 유예하고 부채를 다시 좀더 늘리더라도 성장 위축을 막기 위한 과감한 인프라 투자에 나섰고, 지방정부의 채권 발행을 늘렸습니다. 이에 따라 1/4분기에는 미국과 중국 모두 경제를 부양할 수 있었고, 3월경부터 미국 경제의 하락을 막기 위해 미국 금리가 오히려 인하될 것이라는 의견이 부각되면서 4월까지 시장은 안정세를 유지했습니다. 그럼에도 달러는 유로화 경제 지표가 악화되면서 상대적으로 강세를 보여왔습니다.

2019년 5월 3일 트럼프 정부가 중국에 대한 관세를 다시 부과하면서 글로벌 금융 시장은 다시 혼란에 빠졌습니다. 중국이 이미 약속한 합의안을 마지막에 거부했다는 이유로 미·중관계가 악화되면서 3,000억 달러의 관세가 부과됐고, 6월 말 G20회의에서 다시 협상이 있었지만 냉랭하게 끝나버리고 말았습니다. 이런 가운데 7월 FOMC에서 연준의 금리 인하가 시작되면서 미 국채금리의 하락이 이어졌습니다. 또한 8월 초 미국의 2년과 10년 금리가 역전(장단기 금리 역전)하는 현상이 발생하면서 경기 침체에 대한 시그널이 부각됐고, 미국 금리가 급등락을 거듭하는 롤러코스터 상황이 벌어지게 됐습니다. 달러는 미국의 금리 인하에도 유럽중앙은행ECB의 추가 금리 인하와 유럽 경제지표 악화로 유로화에 대해 강세를 보였습니다. 2019년에는 미·중 관계가 악화되는 데다 장단기 금리가 역전하면서 향후 경기 전망을 매우 불투명했습니다. 물가 상승률은 여전히 2% 수준을 유지하고 있었지만 경기 침체에 대한 불안감이 높아지면서 금리 인상이 아니라 금리 인하 가능성에 대한 베팅이 강화되던 때였습니다.

두 차례의 대형 경제위기와 진화하는 대응 능력

2008년 이후 10년간의 미국과 세계 경제는 서브프라임발 글로벌 금융위기와 그에 대한 대응책에 따라 움직여왔습니다. 그러던 2020년, 급작스럽게 코로나19 사태가 발생하면서 세계는 다시 한번 심각한 경제위기에 휩쓸리게 됩니다.

2008년 금융위기는 팽창과 위축이 반복되는 신용 사이클 관점에서 가계, 기업들의 부채가 급증해 생긴 버블 붕괴 사건이었습니다. 또한 대형 은행 파산이라는 테일 리스크tail risk가 터지면서 발생한 은행 위기였고, 대형 은행의 파산을 방조한 정부의 실책이 컸다고 할 수 있습니다.

2020년 코로나19 사태로 인한 경제위기는 10년간의 경기 팽창에 따른 자연스러운 경기 사이클의 전환으로도 볼 수 있지만, 그보다는 급작스러운 전염병의 전 세계적인 확산에 따른 예기치 못한 이벤트 리스크라는 속성이 더욱 컸다고 볼 수 있습니다.

그림 3-37 ▶ 두 차례의 대형 경제위기

약 12년의 격차를 두고 발생한 두 위기는 여러 가지 차이점이 있지만, 모두 신용경색 확산과 글로벌 경기 침체로 이어졌으며 이를 막기위한 정부의 공격적 대응에서는 많은 유사점을 발견할 수 있습니다. 정부의 대규모 재정 부양과 더불어 중앙은행의 국채 매입이라는 초유의 비전통적 통화정책이 대표적입니다.

연준은 대공황 이후 가장 큰, 금융위기로 인한 대형 충격을 방어하기 위해 기준금리 조절과 공개시장조작 등 기존의 전통적인 통화정책이 아닌 강력한 비전통적 통화정책(양적완화)을 시도했습니다. 2009년 1차와 2011년 2차 양적완화에 이어 2013년 이후 세 번째는 기한이 없는 무제한 양적완화를 했던 반면, 2020년 코로나19 위기에서는 처음부터 무제한 양적완화를 시작했습니다.

2009년의 1차 양적완화와 2011년 2차 양적완화는 월간 2,000억 달러의 국채와 MBS(주택저당증권)를 2년 동안 매입하면서 2,400억 달러 정도를 투입한 1단계 양적완화 정책으로 불립니다. 이처럼 재정정책과 통화정책이 동시에 사용되면서 강력한 경기 부양 효과를 낼 수 있었습니다. 2011년의 2차 양적완화도 같은 구조의 양적완화였습니다.

2013년 3차 양적완화는 기존 1, 2차와 달리 재정정책을 사용할 수가 없는 상황이었습니다. 2011년 미국이 재정절벽에 떨어지고 당파 간 갈등이 심화되면서 미국의 신용등급이 AA+로 강등되는 등 재정 건전성에 대한 우려가 커졌기 때문입니다. 이런 상황에서 중앙은행은 통화정책만으로 이전과 같은 효과를 내야 했기 때문에 월간 2,000억 달러의 국채와 MBS 매입을 만기를 정하지 않고 무제한으로 시행했습니다. 이것을 2단계 양적완화 또는 무제한 양적완화라고 합니다. 재정정책이 아니라 통화정책만으로 같은 효과를 내야 했기 때문에 양적완화의 단계를 높인 것이죠.

2020년 코로나19 사태가 발생하면서 미 연준은 기존의 2단계 양적완화에서 한 단계를 더 높여 중앙은행이 정부가 발행한 국채를 상당 부분 직접 매입하는 3단계 헬리콥터 머니의 단계로 진입했습니다.

그러나 이렇게 엄청난 규모로 통화량을 늘리고 실업률이 완전고용 수준으로 하락했어도 2010년대 인플레이션은 심하지 않았습니다. 그 이유가 증가한 본원통화를 은행들이 대출하지 않고 연준에 재예치했고, 실물자산 투자가 매력적이지 않아 금융자산에 투자가 집중됐기 때문이라고 보는 이들이 많습니다. 또한 글로벌 가치사슬과 아마존 효과로 비용을 절감한 저렴한 제품을 공급받을 수 있었던 것도 중요한 역할을 했다고 봅니다.

이렇게 낮은 인플레이션율은 '실업률이 높아지면 물가 상승률이 낮

그림 3-38 ➤ 비전통적인 통화정책과 재정정책의 매트릭스

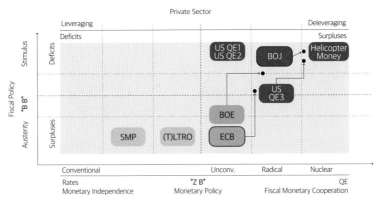

출처: Paul McCulley & Zoltan Porzar(2012)

아지고 실업률이 하락하면 물가 상승률은 높아진다'는 필립스 곡선이 더는 현실에 맞지 않는다는 것을 다시 한번 보여주었습니다. 국제결제 은행[BIS]에서는 G7 경제에서 물가 상승률과 실업률 간에 통계적으로 유의미한 상관관계가 사라졌다고 발표하고, 이를 '필립스 곡선의 평탄화'라고 불렀습니다. 다시 말해, 고용이 증가하고 실업이 줄어든다고 하더라도 물가 상승률에 큰 영향을 미치지 못한다는 것입니다.

이러한 생각은 2016년 재닛 옐런의 '고압경제론[high pressure economy]'이란 개념으로 연결됐는데요. 이는 금융위기로 잠재 성장률이 추세적으로 하락한 상태에서는 고용과 인플레이션이 목표 수준을 넘어서는 것을 일시적으로 용인할 필요가 있다는 것입니다.

또한 2020년에는 제롬 파월의 '평균 인플레이션 목표제[Average Inflation Targeting, AIT]'로 이어지면서, 고용 수준이 완전고용에 부합하고 인플레이션이 2%를 한동안 온건하게 넘어서는 궤도에 오를 때까지 금리를 인

그림 3-39 ▶ 2000년 이후 한국의 소비자물가 상승률과 기준금리 추이

출처: 한국은행, 통계청

상하지 않겠다고 약속하게 했습니다. 이에 금융 시장에서는 이렇게 낮
은 금리와 완화적인 통화정책이 상당 기간 지속될 수 있다는 확신을
갖게 됐습니다.

한국 역시 2008년 글로벌 금융위기 이후 물가 상승률이 점차 하락
했습니다. 2008년 달러 대비 원화 가치가 1,500원대까지 하락하면서
수입물가가 급등한 이래 2011년 국제유가와 식료품 가격 상승으로 물
가가 급등하기도 했습니다. 그러나 2012년 이후 하락한 물가는 2020
년까지 2% 수준을 미달한 적이 많았습니다. 2014년 이후 국제유가가
급락하고 경제 성장이 정체되면서 저성장, 저물가, 저금리 상황이 오
랫동안 지속돼왔습니다.

벤 버냉키와 재닛 옐런: 양적완화의 시작과 회귀

무제한 양적완화를 추진한 금융위기 전문가, 벤 버냉키

대공황을 전공했던 벤 버냉키(2006~2012년 재임)는 연준 역사에서 유례를 찾을 수 없는 공격적인 정책을 펼쳐 '2008년 금융위기의 해결사'로 불립니다. 그는 2008년 리먼브러더스의 파산으로 금융회사들이 잇따라 무너질 때 금융기관에 구제금융을 투입하고 연준이 국채를 매입하는 대규모 양적완화 정책을 병행하는 과감한 조치로 대공황 이래 최대 금융위기에 대응했습니다.

시장에서 채권을 사들여 필요한 만큼 돈을 푸는 방식의 양적완화 정책은 미 연준 100년 역사상 최초였습니다. 1930년대 대공황 같은 대형 금융·경제위기가 발생하면 헬리콥터로 공중에서 돈을 뿌려서라도

그림 3-40 ▶ '헬리콥터 벤'으로 불리는 벤 버냉키

경기를 부양해야 한다는 생각을 행동에 옮기면서 '헬리콥터 벤'이란 별명을 얻었습니다. 2008년부터 2014년까지 연준이 양적완화로 금융 시장에 푼 돈은 4조 5,000억 달러에 달합니다. 단기 자금 시장과 장기 자금 시장에서 채권을 매입하고 MBS와 회사채까지 사들이며 직접 경기 부양에 나선 것입니다.

제로 금리에다가 세 차례에 걸친 양적완화로 시중에 4조 달러가 넘는 자금을 푼 버냉키의 통화정책에 대한 평가는 지금도 엇갈립니다. 그 덕에 무사히 금융위기를 빠져나왔다는 평가와 검증되지 않은 대규모 자금 수혈로 부작용을 초래했다는 평가가 공존합니다. 특히 막대한 자금을 공급하면서 자산 가격을 상승시킴으로써 경제저 불균형을 심화시킨 주범이라는 비판도 많이 받고 있습니다. 중앙은행이 직접 민간 금융 시장에 개입해 자산 가격을 부풀리면서 양극화를 부추겼고, 월가의 금융 기관을 선택적으로 지지해 승자독식 체계를 더 강화했다는 지적도 받고 있습니다.

출구 전략을 지휘한 비둘기파, 재닛 옐런

재닛 옐런(2012~2018년 재임) 의장은 연준의 2대 정책 목표인 완전고용과 물가 안정 중에서 고용을 더 중시하는 '비둘기dove파'로, 금융위기 이후 미국 경제의 혼란을 수습하는 데 능력을 발휘하며 시장의 신임을 얻었습니다. 옐런 의장은 2015년 연준이 출구 전략을 실행할 때 유연한 방식으로 통화정책의 정상화를 성공적으로 이끌었습니다. 옐런 전임 연준 의장이 조 바이든Joe Biden 정부 초대 재무부 장관으로 지명된 것도 이런 점을 높이 평가했기 때문인 것으로 알려져 있습니다. 또한 옐런 전 의장은 연준 안팎의 두터운 신망을 얻고 있어 제롬 파월 현 연준 의장과 재무부 양쪽의 협력을 끌어낼 수 있을 것으로 전망됩니다.

옐런은 전임 버냉키 의장이 3차에 걸친 양적완화를 통해 공급한 4조 달러의 자금이 미국은 물론 전 세계적으로 흘러넘치던 2014년에 취임했습니다. 엄청난 규모의 자금을 시장에 풀어 미국 경제와 고용의 회복세를 이어가면서도 장기적으로 어떻게 적절히 줄여나갈 것인가 하는 과제에 직면해 있었지요. 시장과의 소통을 중시하는 옐런은 경기 부양을 위해 양적완화를 한동안 유지하다가 2014년 10월 중단 결정을 내렸는데, 당시 금융 시장은 충격을 별로 받지 않았습니다. 그달에 양적완화를 끝낼 것이라는 예상이 이미 증시에 반영돼 있었기 때문입니다.

그림 3-41 ≫ 시장과의 소통에 능했던 재닛 옐런

옐런 의장의 가장 큰 고민거리는 금리 인상이었습니다. 연준은 2015년 12월 기준금리인 연방자금금리를 0.00~0.25%에서 0.25%p 인상하며 2008년 금융위기 이후 7년 동안 유지해온 제로 금리 시대의 막을 내렸지요. 금리를 인상하기 전에 시장은 무척 예민했지만, 실제로 인상했을 때는 담담하게 반응했습니다. 예정된 절차였고 충분히 소통했기 때문입니다. 그러나 2016년에는 금리 인상의 부담으로 금융 시장이 급격하게 흔들렸고, 결국 금리 인상을 연기했습니다. 이어 2017년 세 번의 금리 인상이 있었지만 금융 시장의 혼란은 크지 않았습니다. 이런 식으로 2018년까지 금리를 인상해온 연준은 2019년 금리를 동결했고, 2020년 코로나19 사태로 다시 금리를 제로로 인하하는 결정을 내렸습니다.

닉슨 독트린 이후 신용 화폐 시대에는 위기 때마다 돈을 풀어서 문제를 해결했지만, 통화량과 인플레이션율의 상관관계는 일정하지 않았다

금 태환 본위제인 상품 화폐에서 불태환 신용 화폐 본위제로 바뀌면서 미국은 금융위기가 발생할 때마다 대규모 통화량을 풀면서 위기에 대처했습니다.

1987년 10월 19일 앨런 그린스펀이 연준에 취임한 지 두 달 후 주가지수가 하루 만에 22% 하락하는 초유의 사태가 발생했습니다. 이를 '블랙 먼데이'라고 하죠. 다음 날 연준은 "미국 경제와 금융 시스템을 유지하기 위해서 충분한 유동성을 공급할 준비가 되어 있다"라고 발표하면서 금리를 인하했고, 이에 시장은 거짓말처럼 안정을 찾았습니다. 1998년 러시아의 채무 불이행에서 시작된 LTCM 위기와 2000년 IT 버블도 마찬가지였습니다.

2008년 서브프라임발 글로벌 금융위기가 발생하면서 대형 상업은행이 파산할 뻔한 상황이 발생했을 때도 연준은 대규모 양적완화를 통해 유동성을 직접 공급했습니다. 부동산 시장이 붕괴했고 거미줄처럼 얽혀 있던 금융 시장 역시 대혼란을 겪었지만, 연준과 정부의 공격적인 유동성 정책으로 결국 회복됐습니다.

2020년 코로나19 사태가 발생했을 때도 연준과 정부는 대규모 부양책과 유동성 공급을 통해 멈춰버린 경제를 빠르게 회복하는 데 든든한 밑받침이 됐습니다. 이후 변형 코로나19로 인한 충격이 발생한다 해도 연준이 또다시 '헬리콥터 머니'를 통해 유동성을 공급할 것이라는 믿음이 금융 시장을 뒷받침하고 있습니다. 미국 정부에 대한 정치·경제·군사적 신뢰가 유지되는 한, 이런 믿음은 당분간 군건할 것으로 보입니다. 그런데 이 믿음은 얼마나 계속될 수 있을까요?

"인플레이션은 언제나 화폐적 현상이다"라고 했던 밀턴 프리드먼의 주장은 1990년대 이후엔 맞지 않았습니다. 2008년 글로벌 금융위기 이후 각국 중앙은행의 양적완화 정책으로 통화량이 급증했음에도 화폐 유통 속도가 하락하면서 높은 물가 상승률로 연결되지 않았습니다. 통화량 급증은 실물이 아니라 자산 인플레이션으로만 연결됐습니다.

금융위기 이후 대규모 양적완화로 통화량(M1, 협의통화) 증가율이 급등했는데도 화폐 유통 속도가 둔화됐으며, 물가뿐 아니라 성장률에도 크게 영향을 끼치지 못했습니다. 이는 급증한 통화량이 투자 등 실물로 연결되지 못하고 자산 시장에 흡수되거나 중앙은행에 지급준비금으로 재예치됐기 때문입니다.

1950년대 이전의 화폐 유통 속도는 재1·2차 세계대전과 대공황 등

경제 전반이 매우 불안정했기 때문에 상하 변동폭이 매우 컸습니다. 1960년 이후 유통 속도의 변동폭이 다소 완화됐지만 경기의 급등락과 함께 연도마다 유통 속도 증가율의 편차가 매우 컸습니다. 특히 M1의 유통 속도 변동폭이 커지면서 1987년부터 미 연준은 M1을 중심통화지표에서 제외하고 M2(광의통화)를 핵심통화지표로 주목하게 됐습니다. 그러나 1990년대 초반부터 M2 유통 속도도 불안정해짐에 따라 연준은 1993년 7월부터 M2를 포함한 어떤 통화량 지표도 통화정책의 유용한 지표로 사용하지 않겠다고 선언했습니다. 심각한 경기 침체기에 화폐 유통 속도가 급격히 하락하는 모습을 보였기 때문입니다.

2008년 서브프라임발 글로벌 금융위기와 달리 2020년 코로나19 사태 이후에는 이런 유동성이 실물경제에 유입되고 있기 때문에 인플레이션 압력이 높아질 것이라는 주장이 제기되고 있습니다. 백신 접종으로 팬데믹이 얼마나 빨리 종식되느냐에 따라 달라지겠지만, 세계 경제가 팬데믹 이전으로 빠르게 돌아가지 않는다면 민간 소비와 대규모 투자 지출이 빠르게 회복되긴 어려울 것입니다.

한국 시장을 볼 때 많이 사용하는 물가지표 세 가지

● 한국 소비자물가지수(Consumer Price Index: CPI)

가계에서 일상생활을 영위하는 데 구입하는 상품과 서비스의 평균적인 가격 변동을 측정하여 지수화한 대표적인 물가지수입니다. 이는 가계의 생계비나 화폐 가치를 비교하는 데 이용되며, 국민연금·공무원연금 등의 사회보장 수혜금이나 노사 간 임금 조정 시 참고지표로 활용됩니다. 소비자물가지수의 기준연도는 2015년이며, 조사 대상 품목은 가계동향조사 결과에서 나타난 조사 항목별 월평균 소비지출액이 총소비자지출액의 10,000분의 1 이상인 460개 품목(상품 308개, 서비스 152개)입니다.

2021년 1월 현재 한국 CPI의 구성을 보면 주거비 17%, 음식료비 14%, 외식비 13%, 운송비(자동차 연료비와 교통비) 11%, 교육비 9%, 의료비 7%, 문화생활비 6%, 의류비 6%, 통신비 5% 등으로 나타납니

<한국 소비자물가지수 바스켓 내 비중과 상승률 추이>

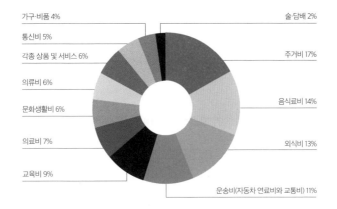

가구·비품 4%
통신비 5%
각종 상품 및 서비스 6%
의류비 6%
문화생활비 6%
의료비 7%
교육비 9%
술·담배 2%
주거비 17%
음식료비 14%
외식비 13%
운송비(자동차 연료비와 교통비) 11%

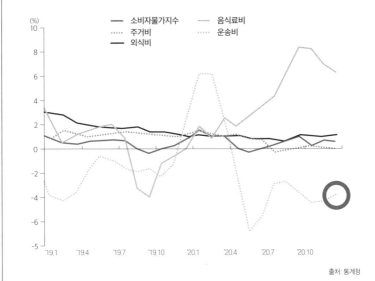

소비자물가지수　　음식료비
주거비　　운송비
외식비

출처: 통계청

다. 2020년 국제유가가 급락하면서 운송비가 급락한 후 아직 회복되지 않고 있으며, 코로나19 사태 이후 음식료비 지출은 크게 증가했습니다. 그 외 주거비와 외식비 지출은 견조하게 유지되고 있습니다.

소비자물가지수와 생산자물가지수는 유사한 움직임을 보이지만, 일반적으로 소비자물가지수가 좀더 빠르게 움직이는 경향이 있습니다. 그 이유는 소비자물가지수에는 서비스업이 차지하는 비중이 큰데, 서비스업 물가 상승에는 임금 상승이 차지하는 비중이 크기 때문입니다. 일반적으로 매년 임금 인상에는 노동생산성의 향상분에 더해 물가 상승률이 반영됩니다.

● 한국 핵심소비자물가지수(Core-Consumer Price Index: Core-CPI)

물가 변동의 장기적인 추세를 파악하기 위해서는 농산물과 에너지 관련 제품을 제외한 지수가 필요합니다. 소비자물가지수에서 계절적인 요인이나 일시적인 공급 충격 등 외부 환경 요인에 민감하고 공급이 비탄력적인 식료품지수 및 에너지지수를 제외한 것을 '핵심소비자물가지수', '근원물가지수'라고 합니다. 우리나라에서는 2010년 기준 지수부터 OECD가 정한 기준에 따라 식품과 에너지를 제외한 317개 품목으로 작성하여 발표합니다.

● 한국 생산자물가지수(Producer Price Index: PPI)

생산자물가지수는 국내 생산자가 국내 시장에 출하하는 상품 및 서비스의 종합적인 가격 수준을 측정하여 지수화한 것입니다. 1910년부터 만들어진 가장 오래된 통계 중 하나로 '도매물가지수'라고 불리기도 했는데, 1990년부터 생산자물가지수로 변경했습니다(1990년=100). 우리나라 생산자물가지수의 조사 대상은 상품의 경우 내수출하액의 10,000분의 1 이상, 서비스의 경우 2,000분의 1 이상으로 소속 상품군의 가격 변동을 대표할 수 있고 가격 시계열을 유지할 수 있는 867개(상품 764개, 서비스 102개) 품목입니다. 이와 같이 선정된 상품으로 생산자가 구매하는 대표적인 재화와 서비스 바구니의 구매 비용을 측정합니다. 생산자물가지수가 소비자물가지수보다 빠르게 움직일 때는 보통 글로벌 원자재 가격이 급등하는 경우입니다. 생산자들이 구매하는 재화와 서비스는 수요가 증가할 것으로 보이면 가격이 빠르게 인상되는 경우가 많습니다. 따라서 생산자물가지수는 소비자물가지수에 비해 인플레이션이나 디플레이션 압력에 더 신속하게 반응하는 경향이 있습니다. 이에 따라 생산자물가지수는 인플레이션율 변화와 경기 동향을 판단하는 지표로 이용되기도 합니다.

제4장

인플레이션의 미래

다시 부각되는
정부의 재정 건전성 이슈

2008년 금융위기는 2010년 이후 취약한 유로존 국가들의 재정위기, 2013년 신흥국 통화위기로 연결되면서 커다란 혼란을 야기했습니다. 2020년 코로나19 위기 이후에도 주요 국가들의 정부부채가 급증하면서 정부부채 위기에 대한 우려가 커지고 있습니다.

정부부채에 관한 논란:
현대통화이론의 낙관론 vs. 비관론

현대통화이론을 옹호하는 사람들은 정부부채에 대한 이러한 우려는 다소 과장된 측면이 있다고 생각합니다. 특히 실제로 정부부채 대부분이 자국 통화로 되어 있는 선진국 정부는 채무 불이행의 가능성이 크지 않기 때문이라는 것입니다. 자국 통화로 되어 있는 정부 채권의 채무 불이행 위험을 우려하는 시각은 근대식 금융 시스템이 적용되지 못했던 아주 오래전의 사례이거나, 외화 표시 채권과 연결되는 자국 통화 표시 채권을 구분하지 않아서인 경우가 많은 것은 사실입니다.

그들은 정부의 채무 상환 방식은 기업이나 가계의 상환 방식과는 전혀 다르다고 주장합니다. 기업이나 가계는 부채를 임금 또는 투자 소득과 자산 매각 그리고 또 다른 대출로만 상환할 수 있습니다. 그러나 독립적인 통화를 쓰는 정부는 지폐를 발행할 수 있는 발권력을 갖고 있기 때문에 최악의 경우 중앙은행을 통해 화폐를 발행하여 채무를 상환할 수도 있다는 거죠.

특히 2020년 코로나19 사태로 주요국 중앙은행은 대규모 재난 지원금 지급을 위해 국채를 발행했는데 국채의 상당 부분을 중앙은행이 매입하기 때문에 실제 재정 부담은 그리 크지 않다는 것입니다. 이는 재정정책과 통화정책이 결합된 것으로, 사실상 중앙은행이 정부에 직접적으로 재원을 공급한 것으로 보는 겁니다. 대형 금융위기 상황에서 민간이 발행한 채권의 신뢰도가 낮아져 시장의 붕괴 우려가 커질 때마다 정부가 공격적인 재정정책과 통화정책을 통해 대규모 유동성을 공급하면서 문제를 해결한 것이 사실입니다. 현대통화이론에서는 결국 부채비율 자체의 문제가 아니라 누가 부채를 얼마나 갖고 있느냐의 문제라고 봅니다. 위기 시 민간 기업에 대한 신뢰가 급락하는 상황에서 최종 대부자인 정부가 발행한 채권의 신뢰도가 높으니까요. 물론 정부의 신뢰도가 안정적으로 유지되는 국가에 한한 이야기입니다.

정부의 과도한 재정부담에 대해 우려하는 시각의 대표자는 케네스 로고프Kenneth Rogoff와 카르멘 라인하트Carmen M. Reinhart 교수입니다. 과거 디폴트 사례를 연구한 로고프와 라인하트 교수의 책 『이번엔 다르다』에서도 자국 통화 표시 채권이 채무 불이행된 사례는 매우 적다고 기록되어 있습니다. 실제로 제2차 세계대전 이후 선진국에서 자국 통화 표시 채권이 부도난 경우는 없었습니다. 그리스의 경우는 자국 통화 채권이라기보다는 유럽 단일 통화로 묶여 있어 그리스 중앙은행이 발권력을 가지고 있지 않기 때문에 외국 통화 채권이라고 분류하는 것이 맞을 듯합니다.

신흥국에서도 자국 통화 표시 채권이 부도가 난 경우는 우선 외화, 특히 달러화에 연동된 것이 많았습니다. 이 경우는 자국 통화 표시 채권이 아니라 외화 표시 채권으로 분류하는 것이 맞을 것 같습니다. 그러나 신흥국에서 자국 통화 표시 채권의 채무 불이행을 한 사례가 상당히 많았습니다. 정부의 발권력을 통해 채무를 이행하여 화폐 가치를 하락시키는 심각한 인플레이션을 야기할 것인지, 아니면 발권력을 포기하고 채무를 불이행할 것인지 양자택일의 순간에서 부도를 선택한 경우였습니다.

따라서 과도한 부채를 안고 있는 신흥국이라면 자국 통화 표시 채권도 채무 불이행을 선택할 가능성은 꽤 있다고 판단됩니다. 그렇기에 선진국에서도 무한정 자국 통화 표시 채권을 찍어내는 것은 어려울 것입니다. 주요 선진국들이 건전한 재정을 요구하는 것은, 각국 정부의 발권력을 인정하지만 과거 무리한 부채 확대가 가져온 부작용과 심각한 인플레이션 유발 가능성이 있기 때문에 적절하게 사용해야 한다는 일종의 자기 규율과 유사한 것이라고 판단됩니다.

만일 글로벌 투자자들이 정부부채 비율이 매우 높은 정부에 만기 도래한 국채의 상환을 요구한다면 그 정부는 어떻게 해야 할까요? 정부 재정이 좋지 않은 데다 새로운 채권의 차환 발행이 원활하지 않다면, 중앙은행이 정부 채권을 매입하게 함으로써 기존 채권을 상환할 수 있습니다. 자국 통화로 표시된 정부부채는 만기가 돌아와도 대부분 새로운 국채로 바꿔주는 '차환'을 하고, 이에 따라 국가의 부채 규모는 서의 감소한 적이 없이 항상 증가해왔습니다. 이론상으로 채무 이행에 문제가 되진 않아 보이지만, 과도한 부채는 채무 불이행의 부담을 높일 것입니다.

이렇게 통화를 무리하게 발행함으로써 채권을 상환해야 할 정도로 상황이 악화됐다는 것이 시장에 알려진다면, 화폐 가치 급락을 우려한 글로벌 투자자들은 해당 정부의 채권을 던지고 그 나라를 떠날 가능성이 큽니다. 결국 통화 가치가 급락하고 심각한 인플레이션이 발생하면서 금융 시장은 대혼란에 빠질 것입니다.

로고프와 라인하트도 국가 역시 부채가 지나치게 누적된다면 금융위기로 연결될 가능성이 크다고 주장했습니다. 그들은 책에서 정부부채가 과도하면 금융위기를 낳는다는 실증적 사례를 제시하면서 정부부채 비율 100%를 임계점으로 제시했습니다. 그러나 이후의 논쟁에서 보듯이 정부부채 비율과 경제 성장, 또는 금융위기 변수들 사이의 상관관계가 모호했기 때문에 많은 비판을 받기도 했습니다.

주요 선진국들의 정부부채 비율이 이미 100%가 넘은 상황에서 임계점이 얼마가 될지는 아무도 모릅니다. 미국의 정부부채 비율은 향후 10년 내 130%로 예고되고 있고 일본은 230%를 기록하고 있지만, 당분간 저리의 자금 조달에는 아무런 문제가 없어 보입니다. 전쟁 또는 전염병 사태, 기후 변화 같은 특별한 상황에서 중앙은행이 대규모 자산 매입을 통해 국채를 인수하는 통화정책과 결부된 확대 재정정책은 여전히 필요해 보입니다. 그러나 정부부채 비율이 계속 높아진다면 분명 한계에 부딪힐 수밖에 없다고 판단됩니다. 따라서 금리를 낮게 유지하고 경제 성장률을 더욱 높이면서 GDP 대비 정부부채 비율을 일정하게 유지하거나 줄어들게 해야 합니다.

미국 정부부채 비율 상승 문제

미국처럼 기축통화를 보유한 선진국은 부채비율이 다소 상승하더라도 높은 채무 감당 능력debt affordability(세금 수입으로 금융 이자를 커버할 수 있는 능력), 채무 복원력debt reversibility(부채비율을 빠르게 낮출 수 있는 능력), 높은 자금 조달 능력debt financeability(부채비율이 높아도 저리의 자금을 조달할 수 있는 능력)을 보유하고 있기 때문에 정부부채의 상승으로 신용등급이 다소 하향 조정되더라도 실질적인 채무 상환 능력은 안정적이라고 할 수 있습니다.

또한 통화정책을 통해 연준이 정부 채권을 인수하는 구조라면, 미

그림 4-1 > 채무 감당 능력, 자금 조달 능력, 채무 복원력

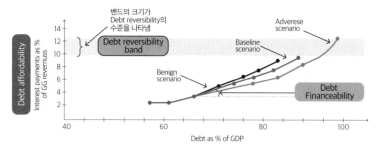

국 정부에 대한 신뢰가 유지되는 한 사실상의 한계는 없다고 여겨집니다. 이러한 신뢰(정부의 채무 이행 능력)를 판단하는 신용평가 방법론에서도 단순히 정부부채 비율만 보는 것이 아니라 경제적 탄력성, 정치 제도적 투명성, 재정 건전성, 이벤트 리스크 대응 능력 등 다양한 측면을 평가합니다.

정부부채 비율로 대표되는 재정 건전성이 '유사시 정부가 사용할 수 있는 재정적인 여력이 얼마나 되는가'를 판단한다면, 경제적 탄력성은 중장기적인 관점에서 다양한 종류의 위기가 발생할 경우 평가 대상국의 경제가 이를 극복할 능력을 보유하고 있는지를 검토합니다. 정치 제도적 투명성 측면에서는 경제·사회·문화적 요구의 해결 과정에서 제도가 효율적이고 안정적으로 작용하는지를, 이벤트 리스크 대응 능력에서는 국가 내외적으로 발생한 갑작스러운 위험에 대한 대응 능력을 종합적으로 평가합니다.

미국의 2020년대 GDP 대비 정부부채 비율이 130%에 달할 것이라

그림 4-2 ▶ 무디스의 정부 신용평가 방법론

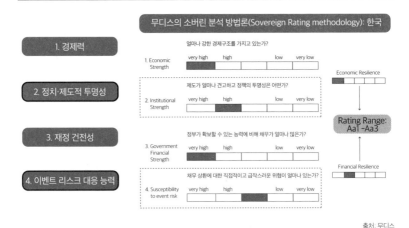

출처: 무디스

는 전망이 나오고 있습니다. 이에 따른 신용등급 하락 등이 우려된다는 것입니다. 미국은 이미 1945년에 GDP 대비 정부부채 비율이 110%에 도달했던 경험이 있습니다. 그러나 1970년대까지 20년 만에 40%로 줄였죠. 이는 정부부채를 빠르게 상환했다기보다는 인플레이션과 함께 경제 성장률이 빠르게 증가했기 때문이라고 할 수 있습니다. 제2차 세계대전 이후 미국은 화폐적 현상에 의해 심각한 인플레이션을 기록했는데 1946~1948년 최고 18%에 달하는 심각한 인플레이션을 경험했고, 그 와중에 2.5% 선에서 통제된 금리는 부채상환에 긍정적이었습니다. 또한 명목GDP 성장률이 높은 물가 등으로 꾸준히 5% 이상을 유지하면서 GDP 대비 부채비율이 축소됐습니다.

특히 정부부채가 높다 해도 지난 1950~1960년대처럼 이자율을 웃도는 경제 성장률이 상당 기간 지속될 수 있다면 실질적인 채무 상환

그림 4-3 ➤ 미국 GDP 대비 연방정부 부채비율 추이

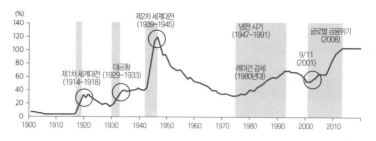

출처: 세인트루이스 연방준비은행

부담은 크지 않습니다. 여기에 더해 1940년대부터 1960년대까지 높은 세율이 적용됐습니다. 미국의 최고 세율은 1913년 7%에 불과했으나, 제1차 세계대전 때 77%까지 상승했습니다. 그리고 전쟁이 끝난 후 25% 수준으로 낮아졌다가 대공황으로 다시 79%까지 급등했습니다. 이후 제2차 세계대전으로 고세율을 용인하는 정치적 환경이 조성되어 제2차 세계대전 기간에 최고 소득세율 94%가 적용되기도 했습니다. 전쟁이 끝난 이후에도 최고 세율은 크게 내리지 않다가 1971년에 75%로 줄어들기 시작했으며 1980년대 들어서야 40%대로 낮아졌습니다.

EU 경제회복기금과
유럽 정부부채 부담

반면, 유럽연합은 같은 선진국이지만 국가 간 연합으로 구성되어 있어 상황이 매우 다릅니다. 유럽중앙은행ECB의 양적완화 정책은 미 연준과 유사하지만 여러 국가의 연합으로 구성되어 있어 중앙은행의 행동에 상당한 제약이 따릅니다. 게다가 개별 국가 차원에서는 발권력이 전혀 없기 때문에 상당한 정치적 갈등과 경제적 이슈로 부각될 수 있습니다.

이런 가운데 유럽연합 국가 간 갈등이 코로나19 위기 속에서 재현될 조짐을 보이면서, 2020년 상반기에 재정이 취약한 국가들의 국채금리가 상승했습니다. 특히 이탈리아를 비롯한 재정 취약국들과 프랑스는 이런 문제를 해결하기 위해 '코로나19 본드'를 발행할 것을 요구해왔습니다. 공동의 보증으로 공동 채권을 발행할 수 있는 기금 설립을 추진했지만, 독일을 비롯한 북유럽 국가들이 완강하게 반대했습니다.

그러나 유럽연합은 코로나19 사태의 확산으로 금융 시장의 변동성이 커지자 유럽중앙은행의 '팬데믹 긴급 매입 프로그램Pandemic Emergency Purchase Programme, PEPP'을 통해 재정 취약국인 이탈리아, 그리스 등의 국채를 직접 매입하기로 했습니다. 그리고 재정 긴축 조건 없이 유럽안정화기구European Stability Mechanism, ESM 대출을 이용할 수 있게 했습니다.

독일을 제외하면 유로존 주요국의 GDP 대비 정부부채 비율은 이미 재정위기 당시 수준을 넘어섰습니다. 코로나19 사태로 유로존 주요국은 대규모 경기 충격을 경험했고, 이로 인해 재정적자 확대 및 부채비율 상승이 불가피한 상태입니다. 2021년 유럽 경제는 부채 위기가 재현되며 장기 저성장 국면에 빠질 것이냐, 경기 회복에 성공할 것이냐의 갈림길에 처해 있습니다.

코로나19 사태로 편성된 EU경제회복기금Next Generation EU, NGEU과 재정규

그림 4-4 › 유럽 주요 국가들의 재정적자 및 정부부채 비율 추이

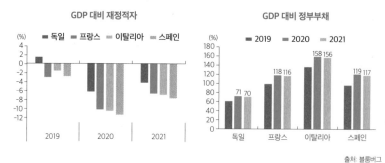

출처: 블룸버그

약 유예 결정은 유럽 금융 시장의 게임 체인저game changer가 될 것으로 보입니다. 유럽 재정위기가 남긴 교훈은 주변국의 부채 문제는 결국 유로존 전체의 경기 둔화로 이어진다는 점과 재정위기를 극복하는 데는 성장이 긴축보다 중요하다는 점입니다.

재정위기를 학습한 유럽은 과거 위기 때와는 다르게 대응하는 모습입니다. 유럽의 리더십인 독일과 프랑스가 주도하며 EU경제회복기금 편성에 대한 회원국들의 합의를 끌어내고, 단기적으로 부채율 상승을 용인하더라도 성장에 초점을 맞추고 있습니다.

EU경제회복기금이 구제금융의 대안으로 탄생했는데요. 유럽위원회European Commission가 시장에서 채권을 발행해서 재원을 조달하고, 그중 85%를 PIGS(포르투갈·이탈리아·그리스·스페인)+폴란드에 지급하기로 했습니다. 채권의 만기가 최장 2058년으로, 상환은 먼 미래의 일입니다. EU 재정분담금 역시 경제적 지위가 반영된다는 점에서 EU경제회복기금은 PIGS와 폴란드 개별 국가 입장에서는 사실상 공짜 재정정책 재원으로 사용한 것입니다. 프랑스와 이탈리아 등 유로존 정부들의 높은 부채비율을 해결하는 방법은 결국 유럽 재정통합이 될 것입니다.

신흥국 정부부채 부담 커져

한편 초대형 경제위기는 재정이 취약한 신흥국에 상당한 부담을 지우고 있습니다. 특히 전염병을 동반한 경제위기는 정치 제도적인 기반이 약한 신흥국엔 종종 치명적입니다. 지난 2017년 전 세계에서 일어난 대규모 소요 사태 중 20%가 정권 붕괴로 이어졌다고 합니다. 코로나19 위기는 사회적 불평등이 심한 신흥국에서는 경제뿐 아니라 정치·사회적 소요로 이어질 가능성을 키우고 있습니다. 가족이 모두 한방에서 잠을 자는 인도, 브라질, 남아공의 빈민가에서는 '사회적 거리 두기'가 어렵기 때문입니다.

2008년 금융위기 당시 신흥국의 상황은 건조했습니다. 미국에서 시작된 글로벌 신용경색이 금융 시장을 혼란에 빠뜨렸지만, 2000년대 원자재 가격 강세와 구조개혁의 영향으로 경제적 펀더멘털과 재정 건전성이 양호한 상황이었습니다. 이에 신흥국들이 글로벌 경기 부양에 동참하면서 선진국에서 발생한 금융위기를 헤쳐나올 수 있었습니다. 그러나 몇 년 후인 2013년 양적완화의 수도꼭지를 잠그겠다는 버냉키 쇼크 우려로 신흥국의 버블이 붕괴되면서 신흥국 통화위기가 시작됐습니다. 2020년 현재 신흥국의 상태는 2008년에 비해 현저히 약화됐습

그림 4-5 > 양적완화의 수도꼭지 잠그기

니다. 주요 신흥국들의 부채는 2008년과 달리 가파르게 증가했으며, 대규모 경기 부양으로 재정 건전성이 취약한 상태에 몰렸습니다. 이에 따라 신흥국 부채 위기 우려가 빠르게 커질 가능성이 있습니다.

신흥국도 코로나19 확산으로 인한 경기 침체에 대응하고자 재정정책을 가동하면서, 신흥국 전체 기준으로 보면 GDP 대비 부채비율이 가파르게 상승해 처음으로 GDP 대비 60% 선을 넘어섰습니다. 러시아, 터키, 인도네시아의 GDP 대비 부채비율은 재정정책에도 불구하고 60% 선을 넘고 있습니다. 브라질, 멕시코, 남아공, 인도, 중국 역시 GDP 대비 60% 선을 넘어설 것으로 예상됩니다. 특히 중국은 정부부채는 적지만 은행채, 공기업 부채, 지방채 등이 정부 지원을 믿고 발행한 게 많아 실제 정부부채는 상당히 많다고 판단되며 최근 가계 부채도 많이 늘었습니다.

대부분의 신흥국에서 GDP 대비 부채비율이 상승했으나, 신흥 시

그림 4-6 ▶ 주요 신흥국 정부부채 비율 추이(GDP 대비)

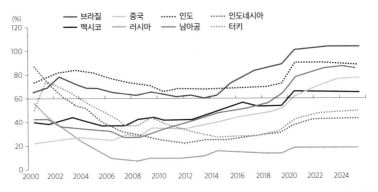

출처: 무디스

장에서도 금리 인하에 따라 금리가 낮아져 이자 비용 부담은 선진국과 비슷한 수준으로 알려져 있습니다. 미국·일본·영국 등 선진국은 재정 수입 대비 이자 부담이 낮은 편에 속해 나머지 예산을 경기 부양에 사용할 수 있는 반면, 신흥국 중 인도·남아공·인도네시아 등은 정부 재정 수입의 20% 이상을 이자 부담에만 사용해야 합니다.

이 와중에도 차별화되는 신흥국은 부채비율이 낮거나, 코로나19 사태 이후 변화하는 세계 경제 다변화의 혜택을 보게 될 국가들입니다. 먼저 러시아는 20% 수준의 정부부채와 브렌트유 42달러에 맞춘 재정 균형으로 하반기 유가가 상승한다면 먼저 안정화될 가능성이 크다고 판단되지만, 미국과 유럽의 제재 가능성이 커지면서 지정학적 리스크가 높아질 것으로 보입니다. 베트남과 멕시코는 코로나19 사태 이후 중국에 집중된 글로벌 공급망의 다변화 혜택을 보게 될 것으로 예상됩니다. 가장 문제가 될 만한 국가는 브라질처럼 정부부채 비율이 높은

국가와 터키·남아공처럼 정치적 혼란이 예상되는 국가들입니다. 이런
국가들은 경기 침체와 함께 정치적 혼란이 예상돼 상황이 더욱 악화될
것으로 판단됩니다.

2020년대 인플레이션을 둘러싼 논란

인플레이션율 급등을 우려하는 시각과 반론

대규모로 풀린 유동성의 영향

2020년대, 물가가 엄청나게 상승하는 슈퍼 인플레이션 시대가 올까요? 사람들이 인플레이션을 우려하는 이유는 무엇보다 각국 중앙은행에 의해 엄청나게 풀린 통화가 인플레이션을 자극할 수밖에 없으리라는 생각 때문입니다. 실제 2008년 금융위기 이전에 8,500억 달러에 불과했던 본원통화 발행액이 2008년 글로벌 금융위기 이후 최대 4.5조 달러까지 급증하기도 했는데, 코로나19 사태 이후에는 2019년 3.8조 달러였던 연준의 총자산이 7조 달러를 넘어섰습니다. 연준 총자산이 급증했다는 것은 중앙은행이 보유하고 있는 지급준비금과 현금의 합인 본원통화가 급증했다는 뜻입니다.

통화량 확대와 정부 지출 증가는 일반적으로 시중은행들의 지급준비금을 증가시킵니다. 중앙은행이 국채를 유통 시장에서 매입하면, 정부는 민간이 아니라 중앙은행을 통해서 자금 조달을 한 것이 됩니다. 이 과정에서 민간 은행은 지급준비금이 증가하게 되지만 이것이 시중에서 사용하는 실질적인 통화량의 증가를 의미하진 않습니다. 민간 은행들이 이 지급준비금으로 기업과 가계에 대한 대출을 늘리지 않는다면 시중에 돈이 풀리지 않기 때문입니다. 경제 환경이 불투명한 상황에서는 이러한 자금이 다시 연준에 예치되거나 금융자산 내에서 맴돌 가능성이 큽니다.

2008년 글로벌 금융위기 이후 각국 중앙은행의 양적완화 정책으로 통화량이 급증했음에도, 화폐 유통 속도가 하락하면서 높은 물가 상승

그림 4-7 ≫ 1990년대 이후 화폐 유통 속도의 하락

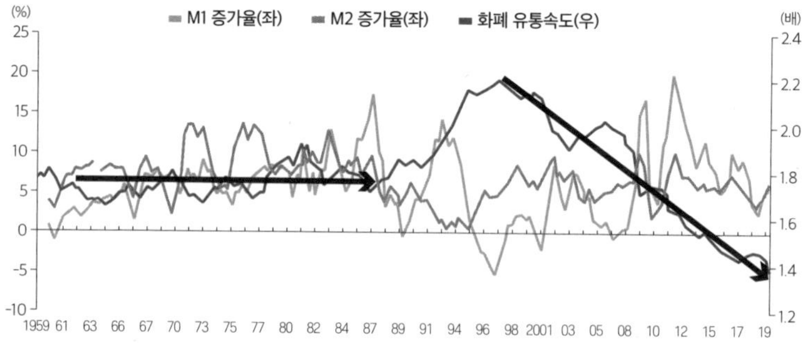

출처: 세인트루이스 연방준비은행

률로 연결되지 않았습니다. 한편에서는 2008년 서브프라임발 글로벌 금융위기와 달리 2020년 코로나19 사태 이후에는 이런 유동성이 실물 경제에 유입되고 있기 때문에 인플레이션 압력이 높아지리라는 주장이 제기되고 있습니다. 와튼스쿨 교수인 제러미 시걸 Jeremy Siegel 은 "2008년 금융위기 이후에는 양적완화로 풀린 유동성이 문제가 발생한 은행들에 집중됐고, 이것이 대부분 은행의 초과 지급준비금으로 흡수되면서 연준에 다시 예치됐기 때문에 장부상의 거래만 있을 뿐 실제로 풀린 유동성은 없었다"라고 주장했습니다. 2009년 이후 시중은행들이 증가한 초과 지급준비금을 기반으로 실물경제에 대출했다면 인플레이션이 발생했겠지만, 매력적인 투자 대상이 없고 전망이 불투명했기 때문에 실물경제에 공급된 유동성은 크지 않았다는 것입니다.

그러나 2020년 코로나19 사태에서는 은행이 아닌 기업과 가계에 직접적으로 유동성을 공급하는 방식으로 정책이 변경됐기 때문에 2008년 글로벌 금융위기 이후와는 다르다고 주장합니다. 미국에서도 이미 2.2조 달러의 CARES ACT라는 재난 지원금을 통해 재정 지원이 이루어진 데다 1조 9,000억 달러 규모의 추가 지원책이 예고되어 있습니다. 다른 국가들에서도 재정정책을 통한 기업과 가계에 대한 지원이 계속되고 있어 실물경제에 직접적인 유동성 공급이 이루어지고 있다는 것입니다. 따라서 대규모로 풀린 유동성이 하반기 백신 접종의 확산에 따른 경기 회복과 함께 물가를 상승시키는 압력으로 작용할 것이라고 주장합니다.

그러나 백신 접종이 확산되면 바로 경제활동이 재개되면서 인플레이선율이 급등할까요? 만일 백신 접종 확산과 치료제 개발 등을 통해 억눌린 수요가 폭발하고 놀라운 성장을 끌어낼 수 있다면 인플레이션 압력이 발생할 수도 있습니다. 그러나 이것도 2020년 큰 폭의 침체에 대한 기저효과일 가능성이 커 보입니다. 2008년 글로벌 금융위기 전후 미국의 실질 GDP 추세선을 보면, 금융위기로 경기 침체를 경험한 뒤 U자형 회복을 이끌었지만 기존의 성장 궤도를 이탈했다는 것을 알 수 있습니다.

백신 접종으로 팬데믹이 얼마나 빨리 종식되는가에 따라 달라지겠지만, 세계 경제 성장이 팬데믹 이전으로 빠르게 돌아가면서 민간 소비와 대규모 투자 지출이 빠르게 회복되긴 어려울 것 같습니다. 대규모로 현금을 확보해놓은 기업들이 경제가 일부 재개된다고 해서 상품 생산에 대한 투자 유인을 바로 확보하긴 어렵습니다. 또한 비상 상황을 대비한 선차입금이기 때문에 상황이 호전된다면 그중 일부만 사용하고 이후의 차입을 미룰 가능성이 큽니다. 특히 부채 부담이 높아진 2020년대 세계 경제는 2010년대보다 더 낮은 성장이 예상되기에 인플레이션은 단기에 그칠 가능성이 커 보입니다.

정부부채 축소를 위한 인플레이션

대규모 재정정책으로 급증한 정부부채 부담을 줄이기 위해서라도 인플레이션이 필요하다는 주장도 있습니다. 미국은 제2차 세계대전 때 이미 110%에 달했던 정부부채 비율을 인플레이션을 통해 빠르게 축소시킨 경험이 있습니다. 전후 심각한 인플레이션에 따른 높은 명목 성

그림 4-8 ▶ 미국의 인플레이션과 정부부채 비율, 10년물 국채금리 추이

출처: 세인트루이스 연방준비은행

장률, 저금리 통제(YCC: 단기물은 0.3%, 장기물은 2.5%), 높은 세금 부과 등으로 부채비율을 40%까지 급격하게 낮출 수 있었습니다.

다시 정부부채가 급증한 상황에서 인플레이션 말고는 이 문제를 해결할 방법이 마땅치 않다는 것입니다. 인플레이션을 억제하면서 높은 부채비율을 계속 유지하는 것보다 인플레이션을 통해 명목 경제 성장률을 높이고 정부부채 비율을 낮추는 것이 효과적이라는 주장입니다. 이에 따르면 연준과 선진국 중앙은행들은 '물가 안정'을 중요한 과제로 인식했던 1980년대와 달리 인플레이션에 적극적으로 대응하지 않을 수도 있습니다. 이럴 경우 화폐 가치의 하락과 실질 이자소득의 감소가 본격화되면서 현금 보유자 및 채권 투자자들이 대규모 손실을 볼 수도 있습니다.

일반적으로 국채 조달을 통해 늘어난 정부의 부채는 인플레이션과 경제에 큰 부담이 될 수 있습니다. 그러나 이번 미국 경기 부양책은 재정정책이면서 실제로는 통화정책이기도 합니다. 그 재원을 국민의 저축이나 세금 수입이 아닌 중앙은행의 무제한 국채 매입을 통해 조달하기 때문입니다.

만일 이번 정책들이 일반적인 재정정책이었다면, 미국 정부의 실제 상환 부담을 높이면서 경제에 악영향을 끼칠 수 있습니다. 그러나 그 채무를 중앙은행이 대부분 인수하는 구조라면 정부부채의 실질 상환 부담은 높지 않습니다. 따라서 성장률 상승으로 부채비율이 자연스럽게 안정화될 때까지 정부부채 비율을 인위적으로 낮추긴 어려울 것으로 보입니다. 또한 인위적으로 인플레이션을 조장한다면 이를 회피하기 위한 대규모 머니 무브가 금융 시장의 혼란을 가중할 것이므로 실익이 크지 않을 것으로 판단됩니다. 연준 또한 과거와 달리 인플레이션에 적극적으로 대처할 가능성이 크다고 판단됩니다.

세계화의 후퇴와 글로벌 가치사슬 변화로 아마존 효과 감소

찰스 굿하트Charles Goodhart와 마노즈 프라단Manoj Pradhan은 『인구구조의 대전환The Great Demographic Reversal』이라는 책에서 "노령화와 세계화의 후퇴가 패러다임의 변화를 가져오면서 인플레이션 부담을 높일 것"이라고 주장했습니다. 1980년대 이후 탈냉전으로 소외당했던 지역의 노동가능인력이 새롭게 세계 시장으로 편입되면서 낮은 물가 상승률이 유지될 수 있었다는 겁니다. 이들의 낮은 협상력으로 실질임금 상승률도 낮게 유지될 수 있었고 저축이 투자를 초과하면서 실질금리도 낮게 유지됐다는 것이죠.

그러나 굿하트와 프라단은 코로나19 사태 위기 이후 글로벌 공급망을 활용한 저임금과 효율성을 중요시했던 글로벌 생산 시스템, 이른바 '아마존 효과'와 '자동화' 등이 변화되면서 인플레이션을 자극할 것이라고 주장합니다. 1990년대 이후 공장이 신흥국으로 이동하면서 더욱 저렴한 비용으로 물건을 제공하는 세계화의 진전과 함께, 아마존 효과처럼 온라인 거래 활성화로 업체 간 가격 인하 경쟁이 물가 상승을 억제할 수 있었습니다. 또한 기술혁신으로 정보통신 등 새로운 일자리의 임금은 빠르게 상승하는 반면, 전통적인 일자리의 임금 상승은 정체되는 양극화 현상도 저물가 유지에 기여했습니다.

그림 4-9 > 세계화의 진전 및 후퇴 vs. 노동자 실질임금 변동

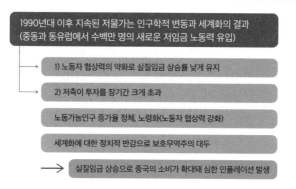

이러한 물가 상승 억제 요인은 코로나19 사태 이후 변화된 글로벌 생산 시스템에 의해 약화되면서 물가 상승 요인으로 다소 작용할 것으로 보입니다. 그러나 인플레이션율을 급등시킬 만한 강력한 트리거로 보긴 어렵습니다. 도널드 트럼프 시대 보호무역주의에 따른 비용 상승에도, 이른바 아마존 효과와 자동화 등으로 비용 상승 가능성은 크지 않다고 생각됩니다. 또한 경제 회복과 정상화가 강력하고 빠르게 이루어지지 않는다면 코로나19 위기 상황에서 개인과 기업에 풀려진 직접적인 자금이 소비 확대로 연결될 가능성도 커 보이지 않습니다.

효율을 강조한 신자유주의에서 건강하고 윤리적인 경제정책으로의 변화 영향

1980년대 이후 인플레이션이 안정화된 배경에는 이념(국가)보다 효율(시장)을 강조한 신자유주의 경제정책의 효과를 제외하기 어렵습니다. 1990년 소비에트 붕괴 이후에는 전 세계가 하나의 경제 체제로 통합되면서 새로운 시장이 생겼고, 저렴한 노동력이 중요한 동력을 제공한 것도 실제 효율을 중요시했던 경제정책 변화에 기인한다고 볼 수 있습니다. 따라서 가장 비용을 절감하면서 생산성을 높일 수 있는 국가가 있다면 적국이건 아국이건 간에 기업들의 진출이 러시를 이루었던 것이 사실입니다. 이에 따라 다양한 생산비용이 하락하면서 제품의 가격이 저렴해질 수 있었습니다.

40년이 지난 2020년대에는 시장보다 국가의 힘이 다시 세질 것으로 보입니다. 효율을 중시했던 신자유주의 경제정책이 수많은 부작용을 낳으면서 다시 강화된 국가를 중심으로 한 경제정책의 변화가 비용을 높이는 압력으로 작용할 것으로 보입니다. 대표적인 예가 환경·사회·지배구조ESG 투자입니다. 기후 환경을 보호하는 데 적절해야 하고, 비용이 무조건 싼 것이 아니라 사회적으로 건전해야 하며, 지배구조가 투명한 투자로의 변화는 기존 방식보다 비용을 높일 것으로 보입니다.

아프리카에서 가져온 싼 제품이라 해도 원주민의 인권을 착취해서 만든 제품이라면 사용을 거부해야 합니다. 싼 에너지가 아니라 환경보호에 적당한 에너지를 많은 비중으로 가져가야 하기 때문에 2020년대 경제는 비용 상승의 요인들이 훨씬 많아질 것으로 보입니다. 미국과 중국이 벌이는 지정학적 충돌도 양측의 주요 핵심 산업에서 서로를 배제하는 방식으로 전개된다면 비용을 높일 가능성은 훨씬 커집니다.

그러나 비용 상승이 어느 정도 필수적이라 하더라도 과거 1970년대처럼 비용 상승이 이끄는 극심한 인플레이션이라는 시나리오로 연결될 가능성은 크지 않다고 봅니다. 국가를 중심으로 하는 경제정책의 변화에서도 1970년대의 무리한 정책이 가져온 폐해를 알고 있는 상황에서 각국 중앙은행이 실수를 반복할 가능성은 크지 않습니다. 또한 비용 상승 요인만큼이나 새로운 디지털 플랫폼 산업들의 가격 경쟁이 치열하게 전개되면서 비용을 절감하는 요인들도 여전히 작용하고 있다고 판단됩니다. 따라서 경제정책 변화와 지정학적 충돌이 어느 정도 인플레이션율 상승 부담으로 작용하겠지만, 2010년대보다 소폭 높은 수준에 그치게 될 것으로 판단됩니다.

실제 체감하는 물가와 소비자물가 지표와의 괴리

체감물가와 지표물가가 다르다는 지적도 있습니다. 사람들이 장을 보거나 외식을 할 때 체감하는 물가와 지표물가 간 괴리가 크기 때문인데요. 공식적으로 사용하는 지표물가는 소비자물가^{CPI}를 말합니다. 이는 통계청이 선정한 주요 상품 및 서비스 460개의 가격을 지수화한 것인데, 여기에 '가계동향조사'를 통해 조사한 가계의 월평균 소비지출액에서 각 상품의 비중을 가중치로 적용한 것입니다.

개인적인 주관에 따라 느낌이 다른 체감물가가 높게 느껴지는 이유는 첫 번째로 소비자물가 지표에 포함되지 않는 항목이 많기 때문입니다. 대표적인 주택 가격, 외식비, 사교육비 등은 우리가 피부로 느끼지만 소비자물가의 조사 대상이 아닙니다. 이렇게 체감물가에 영향이 큰 품목들이 그동안 크게 상승했기 때문에 소비자물가를 낮게 보기 어렵다는 주장도 제기됩니다.

두 번째는 개인마다 주로 소비하는 상품과 서비스의 내용이 다르기 때문입니다. 체감물가는 개인이 자주 구입하는 몇 개 품목의 가격 변동에 민감하게 영향을 받습니다. 대학 등록금이 많이 올랐다면 대학생 자녀를 둔 가계는 교육비의 증가로 물가가 상당히 올랐다고 생각할 것입니다. 그러나 냉장고와 TV 등 전자제품의 가격에 변화가 없다면 종합적인 물가 수준을 나타내는 지표물가의 상승률은 낮게 나타납니다.

세 번째는 가족이 늘어나면서 생기는 지출의 증가 또는 성능이 향상된 신제품 가격 때문에 물가가 높아졌다고 느끼는 경우입니다. 자녀들이 성장함에 따라 더 많은 식재료와 의류를 구입하고 교육비도 증가하는데, 이는 소비 수량의 증가이지 물가 상승은 아니라는 것입니다. 또한 새로 출시된 스마트폰의 가격 상승은 품질 향상분을 제외한 순수한 가격 인상분만이 물가 상승률로 반영되기 때문에 체감하는 것보다 지표물가가 낮게 나타나는 것입니다.

네 번째는 소비자들이 가격을 비교하는 시점과 지표물가의 비교 시점이 서로 다르기 때문입니다. 일반적으로 지표물가의 상승률은 전월비 또는 전년동월비가 이용됩니다. 반면 소비자들은 현재의 물가 수준을 구매한 지 상당한 시간이 지난 과거의 가격과 비교하는 경우가 많습니다. 특히 자동차, 냉장고, 가구 등과 같이 구입 주기가 긴 제품에서 체감물가 상승률이 매우 높게 나타나곤 합니다.

다섯 번째는 아파트 가격 상승의 경우 체감물가에 큰 영향을 미치지만 지표물가에는 포함되지 않기 때문입니다. 소비자의 주거비용으로 전세나 월세는 포함되지만, 아파트 구매에 따른 주거 서비스는 혜택이 수년에 걸쳐 나타나기 때문에 소비가 아니라 투자로 간주합니다.

추가적인 논의:
현대통화이론과 중앙은행의 대응

하이브리드 현대통화이론의 지원

2020년대에도 여전히 저물가와 저금리를 전망하는 첫 번째 이유는 현대통화이론에 따른 중앙은행의 국채 매입 프로그램으로 엄청나게 풀린 통화정책의 부담을 낮추고 있기 때문인데요. 미국은 QE1, 2에서 재정정책과 함께 1단계 양적완화를 했던 것에서, 재정정책에 도움을 받지 못했던 QE3 때 2단계 무제한 양적완화로 한 단계 강화한 경험이 있습니다. 코로나19 사태 이후에는 연준이 재무부 채권을 직접 사주는 한 단계 더 나아간 헬리콥터 머니와 같은 단계로 진행하고 있는데, 전쟁이나 금융위기 시에는 현대통화이론의 아이디어가 일부 차용되어 실행되고 있다고 판단됩니다.

현대통화이론은 화폐 발행을 통한 정부 지출에 의해 민간 경제가 움직인다고 판단하고, 과도한 인플레이션만 없다면 국가가 경기 회복을 위해 화폐 발행을 통한 무제한 정부 지출을 허용할 수 있다는 입장

그림 4-10 ➤ 금속 화폐: 정부 지출은 재정수입(세금)과 균형을 이뤄야 한다

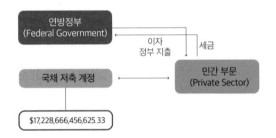

출처: Modern Money illustrated by J. D. Alt

그림 4-11 ➤ 신용 화폐: 화폐 발행을 통한 정부 지출에 의해 경제가 움직인다

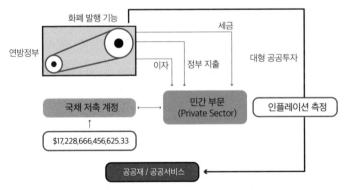

출처: Modern Money illustrated by J. D. Alt

입니다. 현대통화이론가들은 여러 가지 면에서 주류 경제학과 다르게 접근합니다. 먼저, 화폐의 본질 측면인데요. 일반적으로 화폐의 본질을 상품 화폐론(금속 화폐론, 이하 상품 화폐론으로 통일)과 신용 화폐론(화폐국정론)으로 구분해볼 수 있습니다.

상품 화폐론은 '금·은처럼 그 자체로 가치를 갖고 있는 귀금속만이 화폐가 될 수 있다'라는 입장입니다. 1810년대 나폴레옹 전쟁 이후 영국에서 통화량이 증가하고 화폐 가치가 하락하는 인플레이션이 문제가 됐을 때, 데이비드 리카도는 지폐의 발행을 철저하게 규제하여 국내 금 보유량에 일치시켜야 한다는 상품 화폐론을 강하게 주장했습니다.

당시 민간 대출 등의 자금을 운용하던 영국의 금융 실무자와 은행가들은 이처럼 극단적인 상품 화폐론에 격렬하게 반대했습니다. 화폐란 그 자체로 사회적 신용에 기초하여 만들어진 것으로 생각했기 때문입니다. 1905년에 독일에서 발간된 크나프트의 『화폐국정론』에서는 "화폐는 사회적 신용에 기초하여 국가가 정하는 것"이라는 주장이 대두했습니다. 1972년 금 태환이 정지된 이후 신용 화폐론은 이러한 논리에 근거하고 있습니다.

재정 측면에서 금본위제 같은 상품 화폐론은 상품의 가치만큼만 통화량을 늘릴 수 있다고 보는 입장이고요. 반대로 신용 화폐론(화폐국정론)은 국가에 의해 정한 것이니 무리하지 않는다면 통화량을 얼마든지 늘릴 수 있다고 주장합니다. 1971년 이전까지는 금 태환 본위제라는 상품 화폐론의 시대였고, 금을 가지고 있는 만큼만 돈을 쓸 수 있다는

그림 4-12 ▷ 신용 화폐 시대 통화량의 총량과 증가율 추이

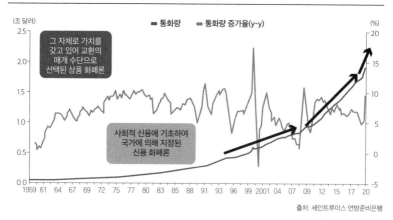

출처: 세인트루이스 연방준비은행

한계가 있었습니다. 따라서 자본이동 통제 등의 금융규제가 강했죠. 그러나 금 태환 본위제가 폐지된 신용 화폐의 시대로 들어서면서 국가가 지정하는 지폐는 이론적으로 무제한적으로 공급할 수 있었습니다. 실제로 미국은 이후 금융위기가 발생할 때마다 통화량을 계속 늘리면서 문제를 해결했습니다.

코로나19 사태 이후 각국에서 엄청나게 쏟아낸 유동성 공급을 뒷받침한 것이 이런 생각들인데요. 정부는 세금을 걷은 만큼 정부 지출을 해야 한다는 상품 화폐 시대가 아니라, 정부가 화폐 발행을 통해 정부 지출과 대형 공공 투자로 경제를 움직인다는 겁니다. 과도한 인플레이션만 없다면 대규모 정부 지출로 경제가 움직이는 현대통화이론이 위기 때마다 연준의 힘을 믿게 하는 근거라고 할 수 있습니다.

정부의 지출로 민간 경제에 필요한 유동성을 공급하고 공공재 및 공공 서비스를 공급하는 효과를 거두기 때문에 현대통화이론에서는

정부의 재정정책이 중요합니다. 따라서 이들은 정부의 지출 활동은 세수의 크기에 제약될 하등의 이유가 없고, 단기적인 균형 재정의 압박에 얽매일 이유도 없다고 주장합니다.

현재 코로나19에 대응하기 위해 각국 정부가 재정지출을 확대하면서 현대통화이론과 유사한 형태의 정책들을 실행하고 있습니다. 최근 연준의 자산이 급증했음에도 여전히 4대 주요국 중앙은행 자산의 GDP 대비 비중을 보면 연준이 세 번째 수준입니다. 유럽중앙은행 수준까지 확대된다고 가정할 때 현재 수준에서는 추가 지원이 가능해 보입니다.

2008년 이후 유동성이 엄청나게 풀리면서 물가 상승률이 급증할 것이라는 얘기가 많았지만, 실제 물가 상승률은 계속 낮게 유지되어왔습니다. 통화량이 급증하면 물가와 성장률이 높아진다는 화폐수량설은 1990년도 이후 화폐 유통 속도가 급락하면서 잘 맞지 않게 됐고, 그것은 2020년대에도 마찬가지일 것으로 보입니다.

중앙은행의 추가 대응 카드

두 번째는 중앙은행들이 추가 대응 카드를 갖고 있는 데다 1970년대처럼 인플레이션을 무작정 용인하지 않을 것으로 보기 때문입니다. 미국 연방준비제도는 평균 물가 목표제Average Price Targeting, APT를 통해 2%의 물가 목표를 넘어서더라도 바로 긴축을 하지 않겠다고 선언했습니다. 그러나 이것은 목표를 약간 웃도는 수준을 의미하는 것이지 목표 수준을 크게 넘어서는 물가 급등을 용인하겠다는 뜻은 아닙니다. 연준의 독립성이 1970년대에 비해 상당히 강화됐기 때문에 인플레이션 압력이 심각하게 진행된다면 연준이 언제든 긴축으로 통화정책을 전환할 수 있다고 판단됩니다.

중앙은행의 또 다른 카드는 마이너스 금리인데요. 유럽중앙은행과 일본 중앙은행이 사용하고 있습니다. 다만, 미국 연준은 아직 마이너스 금리를 채택하고 있지는 않습니다. 향후에도 연준의 마이너스 금리 채택 가능성은 제한적일 것으로 판단됩니다.

자본 시장의 역사가 오래된 미국에서는 기업들의 자금 조달이 은행 대출보다는 자본 시장(주식, 채권)을 활용하는 비중이 높습니다. 반면 은행의 역사가 오래된 유럽에서는 은행 대출의 비중이 절대적입니다. 자본 시장 의존도가 높은 국가들이 은행 대출 중심 국가보다 양적완화 정책의 영향을 크게 받는 모습을 지난 2010년에 보여주었습니다.

특히 미국은 2016년 이후 대기업 자금 조달의 90%가량이 직접 금융 시장에 의존하고 있어서 '마이너스 금리'로 인한 은행 대출의 진작 효과는 크지 않은 편입니다. 이에 더해 마이너스 금리 도입 시 MMF^Money Market Fund 시장에서 자금이 대규모로 이탈할 가능성도 있습니다. 미국 MMF 시장은 글로벌 MMF 시장의 80%를 차지하고 있는데, 단기 국채 금리가 마이너스에 진입할 경우 대규모 자금 이탈이 우려되기 때문입니다.

중앙은행의 디지털 화폐^CBDC가 도입된다면 마이너스 금리가 더 효과적일 수도 있을 것 같습니다. 그러나 실제 디지털 화폐로 진행되기에는 많은 시간이 필요할 것으로 보기 때문에 단기간에 미국의 마이너스 금리 가능성은 작다고 판단됩니다.

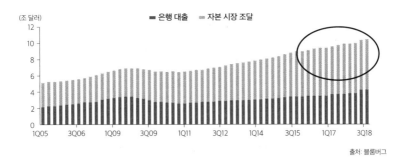

그림 4-13 ➤ 미국 기업들의 자금 조달은 자본 시장 비중이 높다

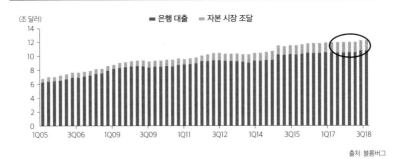

그림 4-14 ➤ 유로존 기업들의 자금 조달은 은행 대출 비중이 높다

만일 인플레이션 우려로 금리가 급등하게 된다면, 일시적으로 연준은 1940년대 미국처럼 또는 일본과 호주가 최근에 하고 있는 것처럼 인위적으로 금리 곡선을 통제할 가능성도 있습니다.

따라서 향후 10년의 인플레이션율은 2010년대와 마찬가지로 낮은 수준에서 등락할 가능성이 커 보입니다. 지난 10년과 마찬가지로 대규모로 풀려난 유동성이 실물보다는 금융 시장 안에 여전히 몰려 있을 가능성이 크고, 적절한 금리 조정을 통해 인플레이션을 통제할 가능성이 커 보입니다.

2020년대 경제 성장과
인플레이션의 미래

2020년대 경제 성장률은
2010년대보다 높을까?

2021년에는 코로나19 사태로 급락했던 세계 경제 성장이 회복 추세를 이어갈 것으로 보입니다. 이는 경기 사이클 측면에서 코로나19 사태 발생 전후 사이클의 성격이 완연히 달라졌기 때문인데요. 2020년 초반, 경제를 보는 시각이 첨예하게 달랐습니다. 한쪽에서는 10년간의 경기 확장이 거의 끝자락에 왔기 때문에 조만간 수축 국면에 돌입할 것이라고 주장했습니다. 야구로 치면 9회라는 얘기였죠. 반면 시장을 좋게 보는 쪽에서는 9회 말 또는 연장전까지 갈 수도 있다고 주장했습니다. 시장을 좋게 보든 나쁘게 보든, 경기 확장기의 끝이 가까워졌다

그림 4-15 ▶ 인플레이션, 과연 관리될 수 있을까?

는 것은 모두 알고 있었습니다. 그래서 코로나19 사태의 확산으로 금융자산 가격이 급락했을 때 시장을 좋게 보던 쪽도 위험자산을 빠르게 던져버렸던 것입니다.

그러나 2021년은 경기 사이클의 초입에 진입하면서 경제 환경이 2020년과 상당히 달라진 것이 사실입니다. 야구로 치면 1회가 다시 시작됐기 때문에 경기가 끝나리라는 부담은 크지 않은 상황입니다. 금융자산 투자는 경제 상황을 상당 부분 선행하기 때문에 다소 다를 수 있습니다. 만약 경제 회복이 다시 둔화되면서 금융 시장이 조정을 받는다고 해도, 2020년 초와 같은 급격한 경기 침체를 동반한 급락보다는 완만한 조정을 예상하는 이유입니다. 따라서 금융 시장이 이로 인해 하락한다면 공포에 질려 매도를 하기보다는 기다리고 버티자는 선택을 하게 될 가능성이 커 보입니다.

코로나19 위기 이후 동력은? 구조적 저성장 우려 커져

장기적인 측면에서 2020년대 세계 경제는 어떤 경로로 가게 될까요? 대공황 당시 미국에서는 1933년 루스벨트가 대규모 경기 부양책을 동원한 이후 1935~1936년에 경기가 회복하기 시작했습니다. 하지만 루스벨트가 만든 공공 부문의 일자리 탓에 민간 부문의 일자리가 없어지면서 금세 동력을 상실하고 W자형의 두 번째 불황으로 빠졌습니다. 1937년 5월, 1929년의 고용률에 한참 못 미치는 지점에서 고점을 찍고 8월부터 경기가 다시 하락했습니다.

두 번째 공황은 첫 번째 공황보다 훨씬 규모가 컸고, 실업자가 1,000만 명에 달했습니다. 가격 담합과 규제를 통해 경제를 미시적으로 관리하려는 루스벨트의 정책들이 단기적으로는 경기를 부양할 수 있었으나 장기적으로 2차 공황을 불러온 것입니다. 또한 장기적인 계획과 투자를 어렵게 하는 정책 불확실성도 문제였습니다. 이런 미국을 마침내 공황에서 구제한 것은 뉴딜 정책이 아니라 제2차 세계대전이었습니다. 미국 밖에서 벌어진 전쟁은 사람들에게 일자리를 주었으며, 남성들이 전쟁터로 나가면서 생긴 인력 부족은 여성들을 노동시장으로 끌어들였습니다. 미국 정부가 전쟁 물자를 생산하기 위해 독점 자본과 다시 손을 잡으면서 투자와 생산의 불확실성을 낮추는 확실한 소비자의 역할을 해준 것입니다.

2008년 위기를 극복할 수 있었던 동력은 신흥국의 대규모 경기 부양과 글로벌 공조였습니다. 미국 등 선진국 금융 시스템에서 발생한 부실로 선진국 경제가 커다란 타격을 받았지만, 중국을 비롯해 주요 신흥국들이 양호했기 때문에 대규모 경기 부양을 통해 소비자의 역할을 동시에 해줄 수 있었습니다. 그러나 유럽 취약국과 신흥국들도 오래가지 않아 무리한 부양 정책에 따른 버블이 붕괴되면서 유로존 재정위기와 신흥국 통화위기에 휩싸였고, 금융에서 위험자산 투자 거부와 분리 추세로 지난 10년 동안 글로벌 저성장으로 갈 수밖에 없었습니다.

경제정책과 지정학적 패러다임의 변화

코로나19 사태 이후 경제정책에서는 어찌 됐건 국가(정부)의 힘이 세질 것으로 보입니다. 코로나19 사태 이후 많은 국가가 정부 대책에 크게 의존하면서 정부의 권력이 강해지고 있습니다. 역사적으로 볼 때 기근·전쟁·자연재해·전염병 등의 재난을 겪으면서 취약한 정부가 붕괴하기도 했고, 반대로 위기를 해결하기 위해 정부가 엄격한 제도와 강한 정치 권력을 갖는 경우도 많았습니다.

세계화를 강조하던 나라들이 자국이 위급해지자 국경을 봉쇄하고 국가주의로 돌아서는 모습도 목격되고 있습니다. 미국처럼 선거로 분열이 심각해진 나라들의 경우는 좀더 극단적인 모습을 보였습니다. 지난 40년간 효율성을 중요시한 신자유주의와 세계화는 이제 코로나19 사태로 거대 정부와 국가주의, 보호무역주의로 다시 변화할 것으로 보입니다.

한편 코로나19 사태 이후 공급된 공격적인 재정정책의 재원은 실제 중앙은행의 무제한 국채 매입이며, 중앙은행의 무제한 국채 매입은 정부의 신인도가 견조할 때 가능합니다. 따라서 미국의 궁극적인 리스크는 미국 정부의 신인도에 달려 있다고 해도 과언이 아닙니다. 대규모 경제위기 직후 그랬던 것처럼, 향후 10년도 결국 뉴욕보다 정치의 중심 워싱턴에 의해서 움직여질 가능성이 커 보입니다. 2021년 새로 시작하는 미국 정부는 경제에서 보다 적극적인 역할을 수용할 것입니다.

2020년 코로나19 위기 이후에는 세계 각국에서 생산된 제품을 빠른 속도로 운송해 소비자에게 전달하는 글로벌 생산 시스템의 변화가 불가피해 보입니다. 생산설비를 세계 각지에 배치하고, 물류 시스템을 통해 재고를 제로에 가깝게 유지하면서 생산물을 소비자에게 실시간으로 배송하는 현 시스템이 상당히 달라질 것입니다. 기업은 위기관리를 위해 생산설비를 해외에서 소비 지역으로 상당 부분 옮기고 재고를 비축해두는 방향으로 전략을 수정할 것입니다. 또한 많은 선진국 정부는 제조업을 자국 내로 돌아오게 하는 리쇼어링reshoring 정책을 가속화하기 위해 다양한 인센티브를 제공하거나 압박을 가하고 있습니다. 20세기 후반 세계화의 원동력이었던 '기술 진보'는 오히려 글로벌 공급망을 단축하고 리쇼어링을 장려하는 데 사용될 수 있습니다.

코로나19 위기가 지나고 몇 년 후 경제가 반등하겠지만, 이전과 같은 성장 궤도를 회복하긴 어려울 것으로 보입니다. 코로나19 위기 이후 주요국들의 정치·사회적 우선순위는 효율성을 중시하는 단기적인 경제 성장보다 헬스케어 등 사회적인 안전 보장에 방점을 두면서 높은 비용을 치르게 될 것이기 때문입니다. 지난 금융위기 이후 경제 성장보다 금융 시스템의 안정이 중요해지면서 저성장이 오래 지속됐던 것

그림 4-16 ▶ 리쇼어링의 가속화

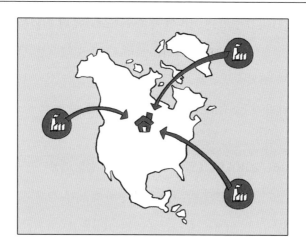

과 동일한 상황입니다.

2020년대 코로나19 위기를 극복한다고 해도 유사한 전염병의 재발 우려와 기후 변화 가능성, 정치·사회적 혼란, 지정학적 충돌 등 위기 이후에도 우리 일상은 커다란 변화를 겪게 될 가능성이 커졌습니다. 국가의 내부 봉쇄가 종료된다고 해도 국가 간 이동이 빡빡해질 가능성이 커 보입니다. 다른 곳에서 재감염이 확산될 우려가 계속되면서 주요 국가들은 국가 차원의 강한 통제를 이어갈 가능성이 큽니다. 이는 대규모 해외여행이 어려워지는 글로벌 이동 및 교역의 위축으로 이어질 것입니다. 이것은 세계화에 의존했던 지난 40년과 달리 국경을 넘어 상품과 서비스, 사람과 자본의 이동을 제한하는 흐름에 편승하면서 세계 경제의 장기적인 구조적 저성장을 낳을 것입니다.

이렇게 전통 산업 경제의 침체가 계속되는 것과 반대로, 새로운 산업 및 4차 산업과 온라인 디지털 경제에 대한 관심은 빠르게 높아지고 있습니다. 팬데믹 상황은 이러한 새로운 산업으로의 전환을 가속화하는 데 한몫했습니다. 대면이 어려운 록다운^{lockdown}(이동 제한) 시대를 비대면의 디지털 신기술로 극복하면서 2020년대 중요한 경제 성장의 동력으로서 기대감이 높아지고 있습니다.

2000년대 5%, 2010년대 3.5%, 2020년대 3% 성장 예상

2000년대 초기 10년, 2008년 금융위기 전까지 세계 경제 성장률은 약 5%에 달했습니다. 10%를 웃도는 중국의 성장률과 기타 신흥국 및 선진국의 동반 성장으로 전 세계 경제는 높은 성장률을 달성할 수 있었습니다. 그러나 금융위기 이후 2010~2019년의 경제 성장률은 3.5%에 불과했습니다. 미국은 대규모 양적완화와 공격적인 재정정책으로 코로나19 사태 이전까지 2.3%의 양호한 경제 성장을, 중국도 6~7% 수준의 양호한 성장을 기록했지만 둘을 제외한 대부분의 국가가 잠재 성장률을 밑도는 부진한 성장을 보였습니다.

그러면 2020년대의 성장은 어떻게 될까요? 주요 선진국의 엄청난 양적완화 등의 유동성 공급으로 금융자산의 가격은 상승했지만 실물경제를 강하게 회복시키진 못하고 있습니다. 또한 실업률이 최저치로 낮아지긴 했지만, 임금 상승률이 정체된 가운데 금융소득 증가로 인한 빈익빈 부익부 등 소득 불평등이 심화되면서 개인들의 소비 여력을 크게 감소시킨 것도 영향을 끼쳤습니다. 새로운 바이든 정부가 대규모 경기 부양 정책을 통한 경제 회복을 모색하겠지만, 코로나19 사태로 꺾어버린 성장 궤적을 빠르게 회복시키기는 어려울 것으로 판단됩니다.

따라서 2020년대의 성장은 이전 2000~2010년대의 5%나 2010~2019년의 3.5%에 미치지 못하는 3% 수준이 될 것으로 예상됩니다. 2000년대 초반에는 중국이 세계 자본주의 체제에 편입됐을 뿐 아니라 원자재 가격 상승과 글로벌 교역 활성화라는 모멘텀으로 경제가 높은 성장률을 기록했지만, 현재는 그렇지 않기 때문입니다.

다만 2020년대 유망한 산업으로 인공지능, 5G 통신망, 전기차, 자율주행차, 2차전지, 로봇 등이 부각되고 있습니다. 코로나19 사태 이후 투자자들의 관심이 집중되고 있는 다양한 4차 산업이 2020년대 핵심적인 성장 동력이 되리라는 점에는 의심의 여지가 없습니다. 또한 팬데믹 이후 또 다른 이벤트 리스크로서 기후 변화에 대한 두려움이 존재하므로 신재생에너지를 비롯한 새로운 환경 관련 산업이 2020년대 경제 성장에 상당한 동력을 제공할 것으로 예상됩니다. 금융 투자에서도 인공지능을 중심으로 한 4차 산업과 신재생에너지 등 환경 산업이 빠르게 성장하면서 매우 매력적인 투자 기회를 제공할 것으로 보입니다. 특히 ESG Environment·Social·Governance (환경보호·사회공헌·윤리경영) 투자는 이러한 흐름이 단순한 유행이 아니라 인류의 생존을 위해 반드시 필요하다는 것을 보여주고 있습니다.

이러한 첨단 산업들이 다시 부상하면서 2020년대 세계 경제는 높은 성장률을 기록할 수 있을까요? 어려울 것으로 봅니다. 그 이유는 디지털 경제의 성장이 전통 아날로그 경제의 추락을, 친환경 산업의 부상

그림 4-17 ▸ 시장에서 정부 중심으로의 경제정책 변화와 미·중 갈등 심화 등 지정학적 패러다임의 변화

출처: 세인트루이스 연방준비은행

이 환경을 악화시켰던 기존 산업들의 퇴조를 기반으로 형성되고 있기 때문입니다. 또한 미·중 패권 전쟁을 비롯한 지정학적 패러다임의 변화도 글로벌 교역의 불확실성을 높이면서 2020년대 세계 경제 회복을 저해하는 요인이 될 것으로 보입니다. 따라서 성장 산업의 높은 성장은 예상할 수 있지만 전통 산업의 위축 또한 빠르게 진행돼 산업 간 차별화가 심화되면서 2020년대 세계 경제 성장률은 3% 수준에서 정체될 가능성이 크다고 판단됩니다.

2020년대 인플레이션과 금리 전망

2021년 초반 미국 장기 채권의 금리가 급등하면서 채권 시장의 우려가 커지고 있습니다. 미 국채와 우량 회사채 ETF에서 상당 규모의 자금이 빠져나가기도 했습니다. 실질 만기가 긴 장기 채권은 금리가 상승할 경우 가격 하락폭이 커 금리 상승을 우려하는 투자자들이 민감하게 반응했기 때문입니다. 특히 코로나19 백신 개발과 빠른 접종 기대감으로 시장의 위험 선호 심리가 확산되고 기대 인플레이션율이 높아지면서 금리 상승에 민감한 장기 채권을 일부 줄이고 있습니다.

2021년은 미국 신 정부의 대규모 재정정책과 경제 회복에 따른 인플레이션과 금리 상승 전망

단기적으로 2021년에는 미국의 기대 인플레이션율이 상승하면서 명목금리도 같이 상승할 것으로 예상합니다. 또한 블루 웨이브^{blue wave}(민주당이 행정부와 상하원 장악)로 예상되는 대규모 재정 부양책과 그에 따른 국채 발행으로 시장 금리의 상승이 예상됩니다. 그러나 기준금리가 0~0.25% 수준에 머물러 있는데 명목금리가 2%를 웃돌기는 쉽지 않은 상황입니다.

만일 백신의 접종과 함께 경제 회복이 빨라지면서 인플레이션율과 금리가 상승한다면, 중앙은행의 월간 국채 매입이 조기 도입될 수도 있을 것입니다. 반면 경제 회복 기대가 약한 상태에서 금리만 지나치

그림 4-18 ▸ 미국 금리 전망

게 급등한다면 수익률곡선을 통제하는 방식이 도입될 수도 있을 것으로 봅니다. 따라서 시장 금리가 이렇게 여러 차례 뒤틀리고 불규칙적으로 흔들리더라도 2021년 예상되는 금리 상승은 2%를 넘기기 어려울 것으로 전망됩니다.

2020년대 중기적인 인플레이션과 금리는 2010년대를 소폭 웃도는 수준에서 횡보할 전망

백신 접종이 확산되고 집단면역이 효과를 보이면서 경기가 회복되는 2022년부터는 인플레이션에 대한 부담이 높아지면서 연준의 자산 매입 프로그램이 중지tapering(수도꼭지 잠그기)될 가능성이 크다고 전망됩니다. 따라서 미 국채 10년물 금리는 2% 수준까지 상승할 수 있다고 판단됩니다. 이후 경기 회복의 정도에 따라 2010년에 보았던 3%를 웃도는 물가 상승률을 다시 볼 수 있을지도 모릅니다. 2011년은 국제유가와 식료품 가격이 급등하면서 미국에서도 3%를 넘어서는 높은 물가 상승률을 기록했습니다. 그러나 2012년부터 다시 2% 수준으로 하락했고 2019년까지 2% 수준에서 등락하는 흐름을 보였습니다.

앞으로 경기 회복의 정도에 따라 물가가 2%를 넘어간다면 연준은 미세 조정을 할 수도 있겠지만 상당 기간 금리를 올리거나 통화정책에서 중대한 변화를 취하진 않을 것으로 보입니다. 그러나 3%를 넘어 4%, 그리고 5%를 넘는 구조적 인플레이션이 계속적으로 발생한다면 연준은 어떻게 할까요? 아마도 연준은 재빨리 긴축으로 선회해 인플레이션을 완화하려고 노력할 것입니다.

따라서 장기적으로 2020년대 미 국채 10년물 금리는 2010년대보다 소폭 상승한 2~3% 수준에서 등락을 거듭하게 될 가능성이 커 보입니다. 왜냐하면 단기적으로는 '낮은 금리를 더 오랫동안 제공하겠다'라는 연준의 현행 포워드 가이던스와 평균 인플레이션이 '수년 동안' 목표로 하는 인플레이션 수준이 2%이기 때문입니다. 따라서 1919년 제1차 세계대전 직후와 1945년 제2차 세계대전 직후, 그리고 1970년대와 같이 인플레이션율이 급등하는 상황이 아니라면 향후 몇 년간의 인플레이션율 급등 이후 2~3% 수준에 맞춘 투자 전략이 필요하다고 판단됩니다.

한국의 2020년대 인플레이션율도 2% 전후, 금리 2~3% 수준을 횡보할 전망

한국은 2011년 국제유가가 100달러를 넘어서면서 4%의 인플레이션율에 도달했고, 2012년 2.2%를 기록한 이후 10년 동안 2% 이상의 물가 상승률을 기록한 적이 없습니다. 국제유가가 급락한 2015년 이후에는

0.7%, 코로나19 이전 2019년에는 0.4%의 저물가를 기록했습니다. 백신 접종 확대로 코로나19가 약화되면서 경제 회복이 이루어진다면 소비자물가지수는 단기적으로 2%를 넘어 급등할 수도 있습니다. 그러나 이런 물가 상승이 계속될 수 있을까요? 코로나19 사태 이전에도 10년간 저물가 시대가 계속되어왔는데, 2020년대에 전반적인 물가 상승이 계속되는 인플레이션의 시대로 변화될 수 있을까요?

2020년대 한국의 물가와 금리는 1~2년 단기적인 상승 흐름을 보인 후 2~3% 수준에서 등락할 가능성이 커 보입니다. 미국처럼 한국의 물가와 금리도 2010년대를 소폭 웃도는 수준에서 횡보할 가능성이 크다는 얘기입니다. 고령화되고 있는 인구구조, 로봇과 인공지능으로 빠르게 대체되고 있는 노동시장, 세계 최고의 언택트 환경으로 가격 경쟁이 치열한 물류 환경, 한계 기업과 한계 가구의 증가 등은 코로나19 사태로 풀려난 대규모 유동성에도 불구하고 높은 인플레이션율 시대를 기대하기 어렵게 합니다. 따라서 여전히 저성장, 저물가, 저금리 시대를 이어갈 것으로 보이는 2020년대에 어떻게 투자하고 자산을 관리할 것인가를 계속해서 고민해야 할 것으로 전망됩니다.

디지털 화폐와 인플레이션

만약 조만간 중앙은행의 디지털 화폐가 전면적으로 도입되어 실물 화폐를 대체한다면, 인플레이션이나 디플레이션을 제어하는 강력한 수단이 될 수 있습니다. 현재 중앙은행의 통화정책은 정책 금리 조정을 통해 단기 및 장기 금리에 영향을 미치고, 시장 금리에 영향을 미쳐 금융기관이 창출하는 신용을 조절하는 것입니다. 그러나 정책 금리의 조정이나 장단기 채권의 매입은 다양한 변수 탓에 실제 시장에 영향을 미치지 못할 때가 많았습니다.

예를 들어 제로 금리는 더 이상 이자를 지급하진 못하지만 그렇다고 돈을 반드시 써야 한다는 강제성이 있는 것도 아니었습니다. 따라서 경제 상황이 좋지 않을 때 이 돈은 다시 은행에 예치되거나 장롱 속에 잠겨서 화폐가 돌지 않는 경우가 많았습니다. 그러나 디지털 화폐는 화폐를 마이너스 금리로 떨어뜨리면서 돈을 쓰지 않으면 가치가 하락하게 하거나, 헬리콥터 머니처럼 국민의 디지털 지갑에 중앙은행이 디지털 화폐를 직접 전송할 수도 있습니다.

중앙은행의 디지털 화폐가 도입되면 통화정책이 보다 직접적이고 효과적으로 작용하면서 물가 수준을 현 상태로 유지하게 할 수도 있습니다. 즉 미래의 인플레이션이나 디플레이션은 정부의 적극적인 통화정책으로 진폭이 훨씬 작아지는 모습을 보일 가능성도 있습니다. 그러나 실제 중앙은행의 디지털 화폐로의 전환은 많은 시간이 필요할 것으로 보이기 때문에 2020년대 인플레이션은 계속해서 논란의 대상이 될 것입니다.

1. 인플레이션에 관한 기존 저서

- 하노 벡 외 2인 저, 강경옥 역, 『인플레이션』, 다산북스, 2017
  유럽인의 관점에서 인플레이션의 역사에 관해 쉽게 풀어쓴 책입니다. 코로나 이전에 쓴
  글이라 현재 이슈와 다소 차이가 존재합니다만 입문서로 좋습니다.
- 김동환 외 3인 저, 『인플레이션의 시대』, 다산북스, 2017
  코로나19 사태 이전에 주식 투자자의 관점에서 인플레이션이 다가올 것이라는 가정하에
  어떻게 대처해야 할지를 논의한 책입니다.
- 홍춘욱 저, 『디플레 전쟁』, 스마트북스, 2020
  2010년대에 왜 디플레이션에 빠졌는지, 2020년 디플레이션 상황에서는 어떤 투자를 대비
  해야하는지를 알려줍니다.
- 맥스 샤피로 저, 박정삼 역, 『인플레로 돈버는 사람들』, 한울, 1991
  1980년대 초반의 시각에서 쓰인 책으로 당시 상황을 엿볼 수 있는 장점이 있지만, 2020년
  대 이슈와 많이 다르다는 것을 느끼게 합니다. 어지러운 번역으로 읽기 쉽지 않습니다.

2. 주요국 중앙은행의 탄생과 발전에 대한 자료

- 헨리 브랜즈 저, 차현진 역, 『머니 맨』, 청림출판, 2008
- 차현진 저, 『금융 오디세이』, 인물과사상사, 2013
- 차현진 저, 『숫자 없는 경제학』, 인물과사상사, 2011
- 차현진 저, 『중앙은행 별곡』, 인물과사상사, 2016
  중앙은행의 역사에 관해서는 차현진 씨의 책을 통해 접근하는 것이 좋습니다. 『금융 오디
  세이』 『숫자 없는 경제학』, 『중앙은행 별곡』은 초보자들도 알기 쉽게 풀어쓴 책들입니다.

3. 시대적 상황에 대한 참고 자료

- 전체 시대를 관통하는 실증 자료를 체크하려면

• 케네스 로고프·카르멘 라인하트 저, 최재형·박영란 역, 『이번엔 다르다』, 다른세상, 2010

과거 800년 동안의 국가 디폴트를 연구한 책입니다. 시대별 대외 채무, 국내 채무 디폴트를 구분하여 분석했고 두 분의 사이트에 접속하면 실증 디폴트 데이터를 종합적으로 받아볼 수 있습니다.

• 시드니 호머·리처드 실라 저, 이은주 역, 『금리의 역사』, 리딩리더, 2011

고대부터 현대까지 시대별 금리 데이터를 종합적으로 모아놓은 책입니다. 시대별 인플레이션이 발생하는 과정에서 금리의 변화를 추적하는 데 유용합니다.

- 금속 화폐에서 종이 화폐로 넘어가는 시대의 이슈를 이해하기 위해서는

• 오카모토 다카시 엮음, 강진아 역, 『중국경제사』, 경북대학교출판부, 2016
• 리처드 폰 글란 저, 류형식 역, 『폰 글란의 중국경제사』, 소와당, 2019
• 에드워드 챈슬러 저, 강남규 역, 『금융투기의 역사』, 국일증권경제연구소, 2001
• 토머스 레벤슨 저, 박유진 역, 『뉴턴과 화폐위조범』, 뿌리와이파리, 2015

1694년 영란은행과 함께 왕립조폐국장으로 일한 뉴턴의 일화를 통해 당시 화폐 가치 하락이 어느 정도로 만연했고 이를 통제하고자 얼마나 많은 노력을 했는지를 파악할 수 있습니다.

- 1950년대 이전의 인플레이션과 금리 상황을 이해하기 위해서는

• 밀턴 프리드먼 저, 김병주 역, 『화폐경제학』, 한국경제신문사, 2009
• 존 스틸 고든 저, 강남규 역, 『월스트리트 제국』, 참솔, 2002
• 리아콰트 아메드 저, 조윤정 역, 『금융의 제왕』, 다른세상, 2010
• 밀턴 프리드먼 저, 양동휴 역, 『대공황』, 미지북스, 2010
• 어빙 피셔 저, 정명진 역, 『화폐 착각』, 부글북스, 2016
• 레이 달리오 저, 송이루 외 역, 『레이 달리오의 금융 위기 템플릿』, 한빛비즈, 2020

- 1970년대 스태그플레이션 상황과 1980년대 급격한 반전을 이해하기 위해서는

- 폴 볼커 외 1인 저, 안근모 역, 『달러의 부활』, 어바웃어북, 2020
- 앨런 그린스펀 저, 현대경제연구원 역, 『격동의 시대』, 북앳북스, 2008

- 2008년 금융위기 이후 상황을 체크하려면
- 벤 S. 버냉키 저, 김홍범·나원준 역, 『벤 버냉키: 연방준비제도와 금융위기를 말하다』, 미지북스, 2014
- 레이 달리오 저, 송이루 외 역, 『레이 달리오의 금융위기 템플릿』, 한빛비즈, 2020

4. 인플레이션과 화폐의 미래에 대한 참고 자료

- 현대통화이론(MMT)의 시각에서 코로나19 사태 이후 통화정책과 재정정책 변화를 이해하려면
- L. 랜덜 레이 저, 홍기빈 역, 『균형재정론은 틀렸다』, 책담, 2017
- 전용복 저, 『나라가 빚을 져야 국민이 산다』, 진인진, 2020
- 스테파니 켈튼 저, 이가영 역, 『적자의 본질』 비즈니스맵, 2021

- 화폐의 역사적 변화를 알기 쉽게 풀어쓴 저작은
- 홍춘욱 저, 『50대 사건으로 보는 돈의 역사』, 로크미디어, 2019
- 홍춘욱 저, 『7대 이슈로 보는 돈의 역사 2』, 로크미디어, 2020

- 화폐에 관한 철학적 논의와 새로운 화폐의 변화를 이해하기 위해서는
- 제프리 잉햄 저, 홍기빈 역, 『돈의 본성』, 삼천리, 2011
- 게오르그 짐멜 저, 김덕영 역, 『돈의 철학』, 길, 2013
- 최공필 저, 『비트코인 레볼루션』, 생각의힘, 2018

인플레이션은 어떻게 우리의 돈을 훔쳐가는가

인플레이션 이야기

초판 1쇄 발행 2021년 3월 30일
초판 3쇄 발행 2021년 5월 26일

지은이 신환종
펴낸이 김선준

책임편집 임나리
편집2팀 배윤주
디자인 김세민
마케팅 조아란, 신동빈, 이은정, 유채원, 유준상
경영관리 송현주
외주편집 공순례
외주 디자인 김영남

펴낸곳 ㈜콘텐츠그룹 포레스트 출판등록 2021년 4월 16일 제2021-000079호
주소 서울시 영등포구 국제금융로2길 37 에스트레뉴 1304호
전화 02) 332-5855 팩스 02) 332-5856
홈페이지 www.forestbooks.co.kr 이메일 forest@forestbooks.co.kr
종이 (주)월드페이퍼 출력·인쇄·후가공·제본 (주)현문

ISBN 979-11-91347-11-1 (03320)

포레스트북스(FORESTBOOKS)는 독자 여러분의 책에 관한 아이디어와 원고 투고를 기다리고 있습니다. 책 출간을 원하시는 분은 이메일 writer@forestbooks.co.kr로 간단한 개요와 취지, 연락처 등을 보내주세요. '독자의 꿈이 이뤄지는 숲, 포레스트북스'에서 작가의 꿈을 이루세요.